Nagy Krisztina
SZERETETHIMNUSZ

ISBN: 9789634431923

Nyomdai előkészítés és gyártás: Publio Kiadó Kft.

Exegézis

SZERETETHIMNUSZ

(1 Kor 13,1–13)

„Szeress és tégy, amit akarsz"
(Szent Ágoston)

Írta: Nagy Krisztina

Tartalomjegyzék

Köszönetnyilvánítás

"Szeressünk tehát, mert Isten előbb szeretett minket."(1 Jn 4,19)[1]

Szeretném hálámat kifejezni elsősorban szüleimnek azért, mert szeretetben felneveltek, és ezáltal megmutatták az igazi értékeket. E helyen megemlíteném Kelemen Krizosztom pannonhalmi főapát rokonom nevét, aki gyermekkorom óta példa volt előttem, kinek élete és tettei sarkalltak arra, hogy Istent imádjam, és krisztusi szeretettel szeressem felebarátaimat. *"A házadhoz való féltő szeretet emészt engem."* *(Zsolt 69,10)[2]*

Külön köszönetemet szeretném kinyilvánítani Tóth László Atyának, aki értékes tanácsaival irányította az írást, és Szlávik Antal Atyának is, aki segítette a munkámat szakirodalmakkal. Róluk írhatom, hogy *"Isten szent emberei a Szentlélektől sugalmazva szóltak."(2 Pét 1,21)* Továbbá tisztelettel említem itt dr. Barsi Balázs Atyát is, aki javítása, írásai és prédikációi által segített abban, hogy ez a könyv megszülessen. *"A bölcs szavai olyanok, mint az ösztöke: mint a mélyen bevert szegek, amelyeket egy pásztor ad a tanítók tanácsa által."* *(Préd 12,11)* Szeretettel említem itt dr. Geréb Zsolt tanár urat, aki tanácsaival segítette a munkámat. *"A testvéri szeretetről nem szükséges írnom nektek, hisz titeket is az Isten tanított az egymás iránti szeretetre, és mert gyakoroljátok is ezt minden testvér iránt."* *(1 Tessz 4,9-10)[3]* Hálás szívvel említem dr. Várszegi Imre Asztrik Atyát – a levéltári segítségért,

---

1 *Szentírás*: Ha külön nem jelzem, a Káldi-Neovulgata fordítás alapján idézek.
2 Biblia: Károli Gáspár fordítása szerint
3 *Biblia:* A protestáns új fordítás szerint.

– aki olyan jóságos, hogy az „Abba Atya!" (Gal 4,6) jelzővel illethetem. Köszönetet mondok Galántai Fekete Attilának és Vas Lászlónak is, akik segítették a munkámat. „A barát állandóan szeretetet tanúsít, és szükség idején testvérnek bizonyul!" (Préd 17,17) Hálás köszönet Simon András művész úrnak a gyönyörű grafikákért. „Aki jót cselekszik, az Istentől van" (Jak 1,11) Szeretettel említem a veszprémi és a budapesti könyvtárosokat, akik segítettek az idegen nyelvi hivatkozások terén.

Végezetül azokról írok itt, akik kedvesek voltak hozzám, gondolatban most Őket is felsorolom…

„**Előre kell bocsátanom**, HOGY SEM TEHETSÉGÜNK, SEM ELÉG IDŐNK NINCS EZEN NAGY MISZTÉRIUMOK MINDEN MÉLYSÉGÉT KIFÜRKÉSZNI, DE MAJD JOBBAN MEGTANÍT ERRE TITEKET A SZENTLÉLEK, AKI BENNETEK SZÓL, MÉG HA NEM IS VAGYOK KÖZTETEK. MEGTANÍT AZ, AKI GONDOLATAITOKAT VEZÉRLI, AKIT SZÍVETEKBE BEFOGADTATOK, AKINEK TEMPLOMÁVÁ LETTETEK."

SZENT ÁGOSTON[4]

---

4   BARSI B.: *Örökké megmarad, 5.*

Előszó

„Azt parancsolom nektek: szeressétek egymást!" (Jn 15,17)

Azért esett a választásom a „szeretethimnusz" perikópára, mert *„Isten a szeretet" (1 Ján 4,8).* A kereszténység is a szeretet vallása, és a hittudomány is a szeretetről szóló tudomány. A Biblia minden szava is a szeretet. *„A prancsolat célja ..... a tettetés nélküli hitből származó szeretet."* *(1 Tim 1,5)* Azt gondolom, hogy az Egyházban és az egész keresztény életben is központi helyet kell elfoglalnia az Isten iránti és embertársak felé megnyilvánuló szeretetnek. Jézus is ezeket emelte ki a törvényekből *(vö. Lk 10,27).* Pál apostol arról beszél, hogy a szeretet az, ami egyesít, ez a himnusz célja is. A karizmák és a szolgálat is csak a szeretetben válnak Egyházat és közösséget építő értékké. Az emberi élet célja, hogy Krisztushoz hasonlóvá váljunk, és megtanuljunk szeretni. *„Szentek és szeplőtelenek legyünk előtte a szeretetben."* *(Ef 1,4)* A szeretet legmagasabb foka, ha vállaljuk a keresztet embertársainkért, mint ahogy Krisztus értünk tette. *„Nagyobb szeretete senkinek sincs annál, mint ha valaki életét adja barátaiért."* *(Jn 15,13)* Ez a páli teológia középpontja is. *„Mert nem akartam másról tudni köztetek, mint Jézus Krisztusról, a megfeszítettről."* *(1 Kor 2,2)* Krisztus által ébred bennünk a szeretet. *„A szeretet Istentől van."* *(1 Ján 4,7)* Elengedhetetlen, hogy az Egyházban megvalósuljon a krisztusi tanítás gyümölcseként az önzetlen, cselekvő szeretet. *„Törekedjetek a szeretetre."* *(1 Kor 14,1)* Olyan emberekre van szükség, mint Kelemen Krizosztom, aki Krisztusért a szeretet hőse lett, vagy mint Kis Szent Teréz, aki úgy fogalmazza meg hivatását, hogy „az Egyház szívében a szeretet leszek."[5] Szép az Isten, mert Ő a szeretet. *„Örök szeretettel szeretlek téged."* *(Jer 31,3)* Az Újszövetségben a Szentlélek által a krisztusi természet részesei leszünk, mely alkalmassá tesz minket arra, hogy a szeretetet gyakoroljuk és az Úr tanítványai legyünk. *„A Lélek gyümölcse pedig a szeretet."* *(Gal 5,22)* Az evangélium tanítása szerint

---

5   LAURENTIN, R.: Lisieux-i Teréz, 45.

azok Jézus tanítványai, akik szeretik ellenségeiket, áldják azokat, akik őket átkozzák, és a rosszat jóval viszonozzák *(vö. Lk 6,27-28)*. Exegézisemben bizonyítottam dr. Barsi Balázs Atya megállapítását, hogy Pál Krisztusról rajzol portrét a szeretethimnuszban.[6] Kitérek arra is, hogy ezzel egy időben a krisztusi szeretet – az ἀγάπη – megszenteli a korintusiakat és az Egyházat.

Jézus lényeges tanításában összefoglalja, hogy *„Az én parancsom, hogy szeressétek egymást, ahogy én szerettelek titeket."(Jn 15,12)* Szent Ágoston a Mester parancsát úgy összegzi, hogy „Dilige et quod vis fac."[7] „Szeress és tégy, amit akarsz."

---

6   *Vö. BARSI B.: Örökké megmarad, 26.*

7   *SZENT ÁGOSTON: »In Epistolam Ioarnis ad parthos tractatus decem, VII, 8,«*
     Migne, PL., 35,2033.col

1. fejezet

A szeretethimnusz szerkezete

„ ... a szeretet, amellyel engem szerettél, bennük legyen és én őbennük. ”
(Jn 17,26)[8]

---

8   *Szentírás: A Káldi-Neovulgata fordítás alapján idézem.*

Szerkezeti elemzés

„Mi pedig mindnyájan, miközben fedetlen arccal szemléljük az Úr dicsőségét, ugyanarra a képmásra változunk át dicsőségről dicsőségre az Úr Lelke által." (2 Kor 3,18)

Aquinói Szent Tamás rangsorolása szerint az evangéliumok után fontosságát tekintve a Szent Pál-i levelek következnek, melyeket tanulmányozásra ajánl.[9] Szent Tamás szerint az első korintusi levél a hét szentségről szól. „septem sacrament a Ecclesiae, scilicet Baptismus, confirmatio, Eucharistia, poenitentia, extremaunctio, ordo et matrimonium."[10] Az a véleményem, hogy a 12. perikópa és a szeretethimnusz, valamint a 14. rész a bérmálás szentségét tárgyalja. A Lélek adományaival, a karizmákkal foglalkozik és a Szentlélek gyümölcsével. A 12. részben felsorolja a karizmákat. A szeretethimnuszban az első szerkezeti egységben a Szentlélek ajándékait, a pünkösdi kegyelmet írja le Pál. Lényeges vonása, hogy a Szeretet a forrása, és ezért csak szeretetben lehet a közösségben szolgálni vele *(vö. 1 Kor 12,31-13,3)*. Majd a Szentlélek gyümölcséről és megnyilvánulásairól beszél, melyek megegyeznek Krisztus tulajdonságaival *(vö. 1 Kor 13,4-7)*. *„…a szeretet, öröm, békesség, türelem, kedvesség, jóság, hűség, szelídség, önmegtartóztatás."* *(Gal 5,22-23)* A következő részben a karizmák töredékességét, mulandóságát írja le. Kihangsúlyozza, hogy csak az egyesítő szeretet, az ἀγάπη marad meg örökké, és ez a legfontosabb, mert Isten is a szeretet *(vö. 1 Kor 13,8-13)*, majd a karizmák közösségben betöltött szerepét mutatja be *(vö. 1 Kor 14,1-40)*.

Első olvasatra nem feltétlenül érthető, hogyan került a szeretethimnusz a 12. és 14. fejezet közé. A 12. fejezetben Pál felsorolja a szellemi ajándékokat, a 14. részben feltárja, hogy hogyan kell hatniuk a gyakorlatban. Alaposabb

---

9   Vö. *Torrel, J. P.: Aquinói Szent Tamás élete és műve, 404.*

10   Vö. *Sancti Thomae de Aquino: Super I Epistolam B. Pauli ad Cornithioslectura, a prooemioad caput VII versiculum X, Prooemium*

elemzésben azt láthatjuk, hogy a 13. rész a tengely, amely körül a másik két rész forog. Tehát a részek összetartoznak, mert akkor használjuk helyesen az ajándékokat, ha a szeretet vezet.[11] Ebben a három perikópában Pál a „lelki adományokkal" kapcsolatban ad útmutatást.[12] A Káldi-féle fordítás is „*a Lélek adományai és a keresztények élete*" címmel (vö. 1 Kor 12,1-14,40) veszi egy nagy egységnek. A modern szakirodalomban is azt találjuk, hogy a Szeretethimnusz az *(vö. 1 Kor 12-14)* szövegösszefüggésben értelmezendő. Pál a 12. perikópában lefekteti az alapokat, majd azt írja, hogy „*Jézus az Úr, csakis a Szentlélek által.*" *(1 Kor 12,3)* Ezt követően a lelki ajándékok eredetéről beszél *(vö. I Kor 12,4-11)*, aztán következik a test hasonlat, mely egy, mint Krisztus *(vö. I Kor 12,12-20)*. Utána annak alkalmazása következik *(vö. 1 Kor 12,27-31)*: „*Ti pedig Krisztus teste vagytok, és egyenként tagjai.*" *(1 Kor 12,27)* A következő megállapítás, hogy az összes ajándék lényege az ἀγάπη *(vö. I Kor 12,31-13,13)*. Ezt követően a közösségre alkalmazva írja le Pál, valamint itt kifejti a nyelveken szólás és a prófétálás viszonyát is *(vö. I Kor 14,1-25)*. Útmutatások következnek az istentisztelettel kapcsolatban *(vö. I Kor 14,26-33,36,40)*. Pál tehát a lelki adományok tárgyalását egy teológiailag megvilágított horizontra helyezi.[13]

A mai szakirodalom nem tartja valószínűnek, hogy a szeretethimnusz egy Szent Pál előtti önálló költemény lett volna[14], vagy azt, hogy Pál akár már az 1 Kor levél megírása előtt megalkotta volna. Ennek ellenére az egyházi hagyomány se téved, amikor a szeretethimnuszt kiemeli a

---

11   Vö. Koning, G.: Az 1.és 2. korintusi levél magyarázata, 154.

12   Vö. Kocsis I.: »A szeretet és a karizmák kapcsolata a Szeretethimnusz (1 Kor 13) fényében« in Az Üdvösség igéje. Újszövetségi tanulmányok, 161.

13   Vö. Schrage, W.: Der erste Brief an die Korinther, 1. Teilband, 1Kor 13, 113.

14   Lang, F.: Die Briefe an die Korinther, 181. „Die Vermutung, Paulus habe diesen Lobpreis der Liebe bei anderer Gelegenheit gestaltet und als passendes Argument in unseren Zusammenhang eingefügt, läßt sich zwar nicht beweisen, ist aber als Möglichkeit, jedenfalls für den Mittelteil, auch nicht auszuschließen.

szövegösszefüggésből, és önállóan mutatja be. (Még a Vizsolyi Biblia is.)[15] Az utólagos címadással az 1 Kor levél önállóan használt részévé vált.[16] Szent Pál lánglelkű szónok, mondanivalóját ünnepélyes, magasztos hangvételű költemény segítségével tárja a korintusi hallgatóság elé.[17] A szűkebb műfaji besorolás szerint enkómion (dicséret, magasztalás).[18] A levél emelkedett hangvétele is eltér az *(vö. I Kor 12.)* . és *(vö. I Kor 14.)* részektől. Véleményem szerint a szeretethimnusz egy tökéletesen megformált szónoki beszédnek felel meg, mely a zárt érvelés miatt önálló szövegként is megállja a helyét. Azért is alkalmazhatta Pál a szónoklattan elemeit, mert Isten igéje élőszóban hangzott. *„Menjetek, álljatok ki és hirdessétek..." (Csel 5,20)* vagy *„... hirdessétek az evangéliumot." (Mk 16,15)* Az ókorban használatos retorikai szabályok jól megfigyelhetők. A 13. perikópára jellemző a csiszoltság, mely az egész mondanivalót díszessé, ünnepélyessé teszi. Pál motívuma az volt, amikor azt írta, hogy *„Mit akartok? Vesszővel menjek hozzátok, vagy szeretettel és szelídség lelkületével?" (1 Kor 4,21)* Megfigyelhető a „legtökéletesebb érvelés" felépítése, melyről Cornificius a következőket írja:

„Nos, a legteljesebb és a legtökéletesebb az az érvelés, amely öt részre oszlik: a tételre, az indoklásra, az indoklás bizonyítására, a díszítésre és az összegzésre. A tételben röviden felvázoljuk, mi az, amit bizonyítani akarunk. Az indoklás rövid kiegészítés formájában rámutat, hogy miért igaz az, amit állítunk. Az indoklás bizonyítása több érvvel erősíti meg a röviden előadott indoklást. A díszítést azért

---

15   *Vö. Biblia, Válogatás a Vizsolyi Bibliából,*

16   *Vö. Harmai G.*

17   *Vö. Alföldy J.: Irodalmi fogalomtár, 98.*

18   *Vö. Kocsis I.:* »*A szeret és a karizmák kapcsolata a Szeretethimnusz (1 Kor 13) fényében*« *in Az Üdvösség igéje. Újszövetségi tanulmányok, 157.*

alkalmazzuk, hogy az érvelés bizonyítása után az esetet felnagyítsuk és kiszínezzük. Az összegzés röviden összefoglalja az érvelést, felsorolva részeit."[19] Átmenetnek nevezzük azt, ami egyfelől röviden felidézi az elmondottakat, másfelől röviden utal arra, ami következik.[20] *„Ti azonban törekedjetek a nagyobb adományokra! Emellett még egy mindennél kiválóbb utat is mutatok nektek."* *(1 Kor 12,31)* Azt gondolom, hogy tételnek vehetjük Pál apostol következő mondatát, melyben röviden vázolja a korintusi helyzetet. A karizmák miatt zavar keletkezik a közösségben *(vö. 1 Kor 12,1-31)*. A tétel nagy kijelentést tartalmaz: *„Szóljak bár az emberek vagy angyalok nyelvén, ha szeretet nincs bennem, olyan vagyok, mint a zengő érc vagy pengő cimbalom."* *(1 Kor 13,1)* Majd a rövid indoklás olvasható *(vö. 1 Kor 13,2-2)*. Ezt az indoklás bizonyítása követi *(vö. 1 Kor 13,3)*. Kettőzés figyelhető meg, ami ugyan kissé szokatlan ebben a részben, de érdekes színezetet ad a bevezetőnek. A több szó ismétlésének a célja a fokozás vagy a szánalomkeltés.[21] Háromszor ismétli, hogy *„ha szeretet nincs bennem"*. *(1 Kor 13,1,2,3)* Ezzel azt fejezi ki, hogy szeretet nélkül szánalmasak vagyunk. Ez jól összefoglalja a korintusi helyzetet.

Retorikai fogás a trópus, ennek egyik fajtája a névcsere. Azt jelenti, hogy „ragadványnévvel" jelöljük azt, amit saját nevével nem nevezhetünk meg. Ilyen módon elegánsan dicsérhetünk testi és lelki tulajdonságokat. Az igazi név helyett „ragadványnevet" alkalmazunk."[22] Ennek alapján Pál Jézus nevét felcseréli a szeretettel, és felsorolja a tulajdonságait. Tehát Szeretetnek nevezi Jézust.

---

19 CORNIFICIUS: *A szónoki mesterség, A C. Herenniusnak ajánlott retorika,* II, XVIII, 28.

20 CORNIFICIUS: *A szónoki mesterség, A C. Herenniusnak ajánlott retorika,* IV., XXVI.

21 Vö. CORNIFICIUS: *A szónoki mesterség, A C. Herenniusnak ajánlott retorika,* IV., XXVIII.

22 Vö. CORNIFICIUS: *A szónoki mesterség, A C. Herenniusnak ajánlott retorika,* IV., XXXI.42.

A díszítés résznél anaforával, azaz ugyanazon szóval kezdi a felsorolást,[23] ébren tartja a figyelmet: *„szeretet türelmes, a szeretet jóságos" (1 Kor 13,4)*, majd szintén egy anaforával folytatja: *„nem kérkedik, nem fuvalkodik fel, nem nagyravágyó, nem keresi a magáét..." (1 Kor 13,5-6)*. Elmondja, hogy mit nem tesz a szeretet. Majd egy újabb anafora következik: *„mindent eltűr, mindent elhisz..."(1 Kor 13,7)*. A díszítésnek az a célja, hogy felnagyítsa a krisztusi szeretetet, s ezzel rányomja Pál apostol kézjegyét a himnuszra. Ez ugyanis mindig a páli tanítás középpontja. *„Mert nem akartam másról tudni köztetek, mint Jézus Krisztusról, a megfeszítettről." (1 Kor 2,2)* Majd a hasonlatok következnek, melyek ellentétpárok is *(vö. 1 Kor 13,8-12)*. A retorikakönyv a következőket írja erről: „Mert a hasonlatot akkor fogalmazzuk meg ellentét formájában, amikor tagadjuk, hogy valami más hasonló ahhoz a dologhoz, amit igaznak tartunk."[24] Például: jelen kor, eljövendő kor, eredeti, tükörkép stb. Ebből is látszik Pál mondanivalója, hogy egy új kor fog követkzeni átmenet nélkül, amely más, mint a jelen kor.

> *„Ezután láték új eget és új földet; mert az első ég és az első föld elmúlt vala; és a tenger többé nem vala. És én János látám a szent várost, az új Jeruzsálemet, amely az Istentől szálla alá a mennyből, elkészítve, mint egy férje számára felékesített menyasszony. És hallék nagy szózatot, amely ezt mondja vala az égből: Ímé az Isten sátora az emberekkel van, és velök lakozik, és azok az ő népei lesznek, és maga az Isten lesz velök, az ő Istenök. És az Isten eltöröl minden könnyet az ő szemeikről; és a halál nem lesz többé; sem gyász, sem kiáltás, sem fájdalom nem lesz többé, mert az elsők elmúltak. És monda az, aki a királyiszéken ül vala: Ímé mindent újjá teszek. És monda nékem: Írd meg, mert e beszédek hívek és igazak. És monda nékem: Meglett. Én vagyok az Alfa és az Omega, a kezdet és a vég. Én a szomjazónak adok az élet*

---

23   Vö. Cornificius: *A szónoki mesterség, A C. Herenniusnak ajánlott retorika, IV,* XIII.19.

24   Cornificius: *A szónoki mesterség, A C. Herenniusnak ajánlott retorika, IV., XLVI.*

vizének forrásából ingyen. Aki győz, örökségül nyer mindent; és annak Istene leszek, és az fiam lesz nékem. " *(Jel 21,1-7)*[25]

Cornificius azt tanítja, hogy kólonnak nevezzük azt a rövid és kerekded, de nem egy egész gondolatot kifejező szócsoportot, melyet egy másik kólon követ, a legtökéletesebb az, amelyik háromból áll.[26] *„ ...úgy beszéltem, mint a gyermek, úgy éreztem, mint a gyermek úgy gondolkodtam, mint a gyermek."* *(1 Kor 13,11)* Majd szintén hasonlatok következnek. *(Vö.1 Kor 13,11-12)*

Ezt követi a tömör összefoglalás, melyet egy nagy érv zár le: *„legnagyobb a szeretet (1 Kor 13,13).*

A levél címzettje egy veszekedő közösség, akik versengeni kezdtek egymással, de szól mindenkinek a világ végezetéig. Tartalmát tekintve a keresztény hit lényege fogalmazódik meg.[27] Egyes vélemények szerint a felebaráti szeretetről van szó, valamint a korintusi gyülekezetre vonatkozik Pál beszéde, és burkoltan beszél Isten szeretetéről.[28] A másik értelmezési irány szerint Pál Jézusról 15 ecsetvonással képet rajzol. Így írja le Jézust. Ilyen volt Jézus. Itt az ἀγάπη-ról, ez Istentől származó és Istennel megélt szeretetről van szó. [29] Jézus életében tökéletesen megtalálható, amit Pál leír a szeretetről, ezért Jézus személyének a leírásaként értelmezhető.[30] Jelentősebb nemzetközi szakirodalom is azt írja, hogy Jézus neve ugyan nem szerepel az egész költeményben, de Pál Isten szeretetéről beszél.[31] Véleményem szerint Pál Krisztus tulajdonságairól beszél, hol állító, hol tagadó formában. Jézus

---

25   *Károli G., Biblia*

26   *Vö.* CORNIFICIUS: *A szónoki mesterség, A C. Herenniusnak ajánlott retorika, IV., XIX.*

27   *Vö.* SZABÓ CS.: *Az első korintusi levél magyarázata, 72.*

28   *Vö.* GÁL F.: *Pál apostol levelei, 129.*

29   *Vö.* GYÖKÖSSY E.: *Homo Christinus, 37-38.*

30   *Vö. Koning, G.: A 1. és 2. korintusi levél magyarázata. 154-156.*

31   *Vö.* LANG, F.: *Die Briefe an die Korinther, 182.*

jellemvonásai tárulnak fel előttünk. Itt az Úr Jézus végtelen szeretetéről van szó. Pál arról beszél, hogy milyen Krisztus, ezzel követendő példát állít a korintusi közösség elé. Meghatározza azt is, hogy szeretetben kell szolgálni. A karizmákat is csak szeretetben lehet használni. Arra is rávilágít, hogy az ember földi életének a célja a megszentelődés, vagyis a Szentlélek által elváltozzunk Krisztus képére és hasonlatosságára. Ezért a Lélek gyümölcse, és annak tulajdonságainak a felsorolásaként is értelmezhetjük a szeretetről szóló leírást, mely azonos a krisztusi szeretettel *(vö. Gal 5,22-23)*. Pál mondanivalójának célja, hogy megtanuljunk szeretni, azaz kövessük Krisztust, mely a legkiválóbb Út, és gyökereiben mindenkinek megadatik, aki hisz és megkeresztelkedik. A nem hívő embernek viszont a szívében benne van a tiszta szeretet vázlata és vágya.[32] Ezt a feltevést alátámasztja egy másik vélemény is. Pál azt mondja, hogy Isten munkatársaknak hívott el minket: *„Mert Isten munkatársai vagyunk, ti pedig Isten szántóföldje, Isten épülete vagytok."* *(1 Kor 3,9)* Valójában arra hívott el, hogy az Ő szeretetével szeressünk: *„hogy az a szeretet, amellyel engem szerettél, bennük legyen, és én őbennük."* *(Jn 17,26)* Pál apostol az írja, hogy *„Mert kiválasztott minket őbenne a világ megteremtése előtt, hogy szentek és szeplőtelenek legyünk előtte a szeretetben."* *(Ef 1,4)* Ezért van nagy szükség a szolgálatunkban a szeretetre, mint ahogy Pál mondja a szeretethimnuszban. Az itt megfogalmazott szeretetet csak Krisztusban találjuk meg, aki minden szeretet forrása. Féltékenyen izzó áradat, amely mindent meggyújt, amivel érintkezésbe kerül. *„Azért jöttem, hogy tüzet bocsássak a földre, s mennyire szeretném, ha már fellobbanna!"* *(Lk 12,49)* Az Úr lángja ez, mely minden bűnt megemészt, itt a korintusi gyülekezetben is. Az Ő arcáról csak a jóság és a szeretet tekint ránk.[33] Jézus szeretete azért kinyilatkoztatás, mert Krisztus a második isteni személy, aki az Atyával és a Szentlélekkel egy Isten. Isten létéről tudhat az ember, de arról, hogy milyen Ő „belülről", csak a kinyilatkoztatásból tudhat. Ha Isten a szeretet, az azt is jelenti, hogy Isten Szentháromság. Hogyan tudna „kifelé" szeretni az

---

32   Vö. Barsi B.

33   Vö. Schlink, B. M.: Győztesé a korona, 87-107.

Isten, ha „befelé" nem szeret.[34] A korintusiak és a mi hivatásunk is, hogy ennek a szeretetnek a szolgálatába álljunk. A szeretetre való kiválasztás azt jelenti, hogy a szeretet árjában állunk. *„Mert Isten féltékenységével vagyok féltékeny rátok. Eljegyeztelek ugyanis titeket egy férjnak, hogy mint tiszta szüzet vezesselek Krisztushoz."* (2 Kor 11,2) Az a cél, hogy *„hasonlók legyenek Fia képmásához."* (Róm 8,29) Ha nincs meg bennünk Krisztus szeretete, a szolgálatunk semmit sem ér. Ezt írja le a szeretethimnuszban az apostol. Jézus azt mondja: *„Ismerem cselekedeteidet, hogy sem hideg nem vagy, sem meleg: bár hideg volnál vagy meleg! De mivel langyos vagy, és sem hideg, sem meleg, kezdlek téged kivetni a számból."* (Jn 3,15-16)[35]

A himnusz szerkezeti felosztása a következő: Pál apostol az első szerkezeti egységben *(vö. I Kor 13,1-3)* utal arra, hogy a karizmák értéktelenek szeretet nélkül. Az érvelés alapja egy ellentétpár: a minden és a semmi. A második részben *(vö. I Kor 13,4-7)* lefesti előttünk Krisztust és szembeállítja a korintusi egyházzal. A szövegben a jó és a rossz szembeállítása fokozza a himnuszi hangvételt. A záró részben *(vö. I Kor 8-13)* az igazi maradandó értékre hívja fel a figyelmet, melyet az idő és az örökkévalóság ellentétével érzékeltet.[36]

---

34   *Vö.* BARSI B.

35   *Vö.* SCHLINK, B. M.: *Győztesé a korona, 87-107.*

36   *Vö.* Barsi B.: *Örökké megmarad, 13.*

2. fejezet

A korintusi egyház széthúzása

„Én Pálé vagyok, Én Apollóé, Én Kéfásé, Én pedig Krisztusé."
(1 Kor 1,12)

Pártoskodók, gőgösek, versengők

„Nem mondhatja a szem a kéznek: Nincs rád szükségem!, sem a fej a lábaknak: Nincs rátok szükségem!" (1 Kor 12,21)

Korintus Akája görög tartománynak, a mostani Moreának fővárosa, a Jón-tenger és az Égei-tenger közt levő földszoroson feküdt. Gazdag kereskedőváros két kikötővel, Vénusz tiszteletének és a bujaságnak a melegágya, valamint a tudományoknak és az ékesszólásnak is székhelye volt. Pál Kr. u. 52-ben mások szerint 54-ben jött Korintusba.[37] Ezt a tényt pontosítja a görögországi Delphiből származó Gallió-felirat is, mely Claudius római császár Delphibe intézett levelét őrzi. A feliratban szereplő császári titulusok alapján a levél Kr.u. 52 elején íródott. A feliratban megőrizték Gallio akháj prokonzul nevét is.[38] Ez alátámasztja a *(vö. Csel 18,12-17)* adatait, melyből következtethetünk arra, hogy Pál ekkor érkezett először Korintusba.[39]

Másfél év alatt olyan sikerrel hirdette az evangéliumot, hogy nagyszámú Egyházat alapított. Tagjai inkább áttért pogányokból, mint zsidókból álltak. Ők, mint mindenhol, itt is ellenszegülőknek mutatkoztak *(vö. Csel 18,6-12)*. Amikor Pál tőlük eltávozott *(vö. Csel 19,21)*, sokan visszatértek kicsapongó életmódjukhoz. Ugyanekkor megosztást okozott némely zsidóból lett keresztény, kik valószínűleg Palesztinából mentek oda. Ellentmondtak Pál tanításának *(vö. 1 Kor 9,2)*, és Péterhez ragaszkodtak. Ekkor ment Korintusba Apollo is *(vö. Csel 18,24)*. Pál tanításától nem távozott ugyan el, de a tanmódja eltért tőle *(vö. 1 Kor 3,6)*.[40] Így különféle tanítók léptek fel Korintusban, aminek az lett a következménye, hogy

---

37 Vö. Tarjányi B.: *»Bevezető az 1. korintusi levélhez« in Káldi-Neovulgáta Biblia, 1-9.*

38 Vö. *http://www.keresztenyek.hu/biblia-hitelessege/*

39 Vö. Kocsis I.: *Bevezetés az Újszövetség kortörténetébe és irodalmába II., 71-72.*

40 Vö. Tarjányi B.: *»Bevezető az 1. korintusi levélhez« in Káldi-Neovulgáta Biblia, 10.*

pártokra szakadtak.[41] A hívek közül némelyek Pál, mások Apolló, egyesek pedig Péter követőinek nevezték magukat *(vö. 1 Kor 1,12.)* Leginkább Péter és Pál úgynevezett követői ellenségeskedtek.[42] A korintusiak pártoskodásukkal kikezdik a szeretetet, s mintegy szétszedik Krisztust. Az igaz törvényt, a szeretetet gyalázzák meg.[43] Az apostol egy közösségi torzsalkodásra reagál, ahol versengés alakult ki Krisztus testében. Egyesek túlértékelték magukat a lelki adományokra hivatkozva, sőt addig fajult a dolog, hogy lenézték az egyszerű hívőket, akik másodrendűnek érezték magukat ezáltal.[44] „Ha ilyen elkeseredetten szabdaljuk Krisztus testét, hová jutunk? Mintha ízekre akarnánk tépni. Ugyanazon Test tagjainak mondjuk magunkat, és úgy marcangoljuk egymást, mintha vadállatok lennénk."[45] Egy forrongó és deviáns közösség, mely a görög gnosztikusok, ezoterikusok és fantáziáló körök hatása alá került. A lelki hiúság és a versengés fejetlenséget vált ki.[46] Nemcsak az ószövetségi szertartások kötelező erejéről, hanem egyéb kérdésekről is folyt köztük a vita. Valaki mostohaanyjával élt tiltott viszonyban; egyesek vérfertőzésnek minősítették, mások közönyös dolognak tekintették. Az igazságszolgáltatással kapcsolatban a római törvényszékekhez fordultak. A nőtlenség, a szeretetvendégség, az Oltáriszentség kiszolgáltatásában uralkodó rendetlenség stb. kérdésein vitatkoztak.[47] Az előző fejezetben *(vö. 1 Kor 12,1)* található megfogalmazás azt sugallja, hogy a témát a korintusiak

---

41   Vö. BENYIK GY.: *Az újszövetségi szentírás keletkezés-és kutatástörténete, 375.*

42   Vö. Tarjányi B.: *»Bevezető az 1. korintusi levélhez« in Káldi-Neovulgáta Biblia,12.*

43   Vö. Barsi B.: *Örökké megmarad, 12.*

44   Vö. SZÉKELY J.: *Az Újszövetség teológiája, 235.*

45   ARANYSZÁJÚ SZENT JÁNOS: *In epistulam 2 ad 2 Corinthios homila 27,3-4, PG 61,588.*

46   Vö. MARIE, J. C.: *A nyelvek adománya, 15.*

47   Vö. TARJÁNYI B.: *»Bevezető az 1. korintusi levélhez« in Káldi-Neovulgáta Biblia 12.*

vetették fel Pálnak. Egy levélben tudatták a közösség problémáit, melyet egy küldöttség által juttattak el az apostolnak.[48] Az apostol Efezusban értesült a problémákról *(vö. 1 Kor 16,8-19).* Ez alkalmat adott a korintusiakhoz írt első levél megírására. Valószínűleg Kr. u. 57-ben mások szerint 58-ban írhatta a levelet, mivel Pál határozottan mondja *(vö. 1 Kor 16,8-9),* hogy csak a folyó év pünkösdjéig akar maradni Efezusban. Pál a vitás kérdésben felvilágosítja őket, és egyetértésre inti a közösséget.[49]

Az Egyház
„Mert Isten temploma szent, s ti vagytok az." (1 Kor 3,17)

„Az Egyház eredete egyrészt visszamegy Krisztushoz és az apostolokhoz, másrészt, mivel Krisztust az Atya küldte, az Egyház eredete végső fokon a Szentháromságban keresendő: az Atya küldi Krisztust, Krisztus küldi apostolait a Szentlélek által. Az Egyház tehát az Isten akaratából Krisztusban megjelent kegyelmi rendet is hordozza. Az Atya a kiválasztottakat az idő kezdete előtt ismerte, és arra rendelte, hogy fia hasonlatosságát öltsék magukra, s így Ő legyen az elsőszülött a sok testvér között *(Róm 8,29).* Elhatározta azt is, hogy az Egyházban gyűjti össze azokat, akik Krisztusban hisznek."[50]

Isten képére és hasonlatosságára teremtette az embert: *„Alkossunk embert a mi képünkre és hasonlatosságunkra." (Ter 1,26)* Ezért tisztelet és megbecsülés illeti meg. Krisztusi tanítás szerint mindnyájan Krisztus misztikus Teste vagyunk, ahol mindenki egyedi és megismételhetetlen. Minden ember ezért hordoz magában értéket.

---

48 Vö. Kocsis I.: »A szeretet és a karizmák kapcsolata a Szeretethimnusz (1 Kor 13) fényében« in Az Üdvösség igéje. Újszövetségi tanulmányok, 159.

49 Vö. Tarjányi B.: »Bevezető az 1. korintusi levélhez« in Káldi-Neovulgáta Biblia 13.

50 http://lexikon.katolikus.hu/

Pál az ἐκκλησία főnevet használja az Egyház megnevezésére. Két különösen fontos elnevezést társít hozzá: a templomot és a test képét. A templom az ókorban az a hely volt, ahol az Isten, illetve az istenség lakást vett. Ez a qumráni iratokban is olvasható. Az 1 Kor levélben figyelmeztető jelleggel használja Pál a metaforát. *„Vagy nem tudjátok, hogy testetek a Szentlélek temploma, aki bennetek van, s akit Istentől kaptatok."* (1 Kor 6,19) Egy másik helyen ezt írja: *„Azt pedig, aki Isten templomát lerombolja, lerombolja az Isten."* (1 Kor 3,17) A templomrombolás a korintusi közösség megosztottságára utal, figyelmeztetés a pártokra való szakadás ellen.[51]

Az együttélés megjelenítése az emberi test életműködésével nem ritka az ókorban, toposznak számít.[52] Szent Pál a test-hasonlatot az Egyházra alkalmazza *(vö. 1 Kor 12,12-26).* Pál üldözte a keresztényeket, amikor Jézussal találkozott a damaszkuszi úton, Jézus ezt kérdezte tőle: *„Saul, Saul miért üldözöl engem?"* (Csel 9,4) Lehetséges, hogy Pál ennél a találkozásnál döbbent rá, hogy az Egyház gyakorlatilag Krisztus teste. Az *(vö. 1 Kor 12)*-ben fejti ki ezt a hasonlatot.[53] Nagy Szent Gergely így vélekedik erről: „A mi Megváltónk egy személynek bizonyul a szent Egyházzal, melyet fölvett."[54] A test egységes, de nem jelent egyformaságot. Az engedelmesség vezet a szabadsághoz, az alázat az örömhöz, az egység pedig az egyediséghez. Pál kétféle helytelen magatartással foglalkozik. Először azokhoz szól, akik alsóbbrendűnek érzik magukat. Igazság szerint az Egyházban mindenkire szükség van. Isten *„mindenki"*-nek adott ajándékot *(vö. 1 Kor 12,7).*[55] Azt gondolom, Pál apostol azt szeretné hangsúlyozni, hogy a Lélek adományai sokfélék. Mindenki kap valamilyen lelki ajándékot, amely nélkülözhetetlenül fontos az egyén és a közösség számára is. Az egész fejezeten végigvonul a

---

51   Vö. Kocsis I.: *Bevezetés a Újszövetség kortörténetébe és irodalmába, 84-85.*

52   Vö. Cserháti S.: *Pál apostolnak a korinthusiakhoz írt első levele, 557.*

53   Vö. Gumbel, N.: *Alpha, 209.*

54   Nagy Szent Gergely: *Moralia in Iob. Prefatio 6,14 CCCL 143,19 PL 75,525.*

55   Vö. Gumbel, N.: *Alpha, 209.*

„mindenki"-nek a gondolata. Beszédének második részét azokhoz intézte, akik felsőbbrendűnek érezték magukat, és azt mondták a másiknak, „nincs rád szükségem" (1 Kor 12,21). Valójában a test láb nélkül nem elég hatékony. A láthatatlan tagok pedig sokszor fontosabbak.[56] Pál apostol felhívja a figyelmet arra, hogy egy test vagyunk, s minden testrésznek más a funkciója, de elengedhetetlenül fontos az összes. A test-hasonlattal rámutat a Szentlélek adományainak a sokféleségére, és az Egyházban elfoglalt helyükre is. Arra is felhívja a figyelmet, hogy a tisztességtelenebb tagokat nagyobb szeretettel és gondoskodással vegyük körül. Isten azért teremtette így, hogy a testben ne legyen meghasonlás és törődjenek egymással. Ha az egyik tag szenved, mindenki szenved vele, ha öröm éri, az mindenkinek boldogság (vö. 1 Kor 12,12-27). „Figyeljünk egymásra, hogy szeretetre és jótettekre buzduljunk." (Zsid 10,24)

A Szentírás szerint a helyes viszonyulás a közösség tagjai felé az, hogy „mindenki alázatosan tekintse a másikat maga fölött állónak." (Fil 2,3) Az Egyház azokból az emberekből áll, akik Istenhez tartoznak, akiket a szeretet családdá forraszt össze.[57] A Krisztus testébe való „beoltódás" a keresztségben történik (vö. 1 Kor 12,13). Az Egyház egységének fennmaradásában az Eucharisztiának van nagy szerepe (vö. 1 Kor 10,16-17). A Krisztus vérében és testében való részesedés valóságos közösséget hoz létre a feltámadt Úrral, s ezáltal megvalósul a keresztények egymás közötti egysége is.[58]„Mert egy kenyér, egy test vagyunk sokan, hiszen mindnyájan egy kenyérből részesülünk." (1 Kor 10,17)

Szent Johanna bírálóinak így válaszol: „Jézusról és az Egyházról azt gondolom, hogy egyek, és hogy ebből nem kell kérdést csinálni".[59]

---

56   Vö. GUMBEL, N.: Alpha, 210-212.

57   Vö. GUMBE, N.: Alpha,215-216.

58   Vö. KOCSIS I.: Bevezetés a Újszövetség kortörténetébe és irodalmába II, 86-87.

59   SZENT JOHANNA: Dictum: Proces de comdamnation, 166. (francia)

3. Fejezet

A szeretet nélküli élet

„Szóljak bár az emberek vagy angyalok nyelvén, ha szeretet nincs bennem, olyan vagyok, mint a zengő érc vagy pengő cimbalom. Legyen bár prófétáló tehetségem, ismerjem akár az összes titkot és minden tudományt, és legyen bár olyan teljes a hitem, hogy a hegyeket áthelyezzem, ha szeretet nincs bennem, semmi sem vagyok. Osszam el bár egész vagyonomat alamizsnaként, és adjam át testemet, hogy dicsekedhessem: ha szeretet nincs bennem, semmit sem használ nekem."
(1 Kor 13,1-3)

Az Út

„Én vagyok az út, az igazság, az élet" (Jn 14,6)[60]

Az előző fejezetben Pál azt mondja: „*Emellett még egy mindennél kiválóbb utat is mutatok nektek.*" *(1 Kor 12,31)* Amikor utat említ, magáról a szeretetről beszél, az Újszövetség tökéletesség útjáról.[61] A legkiválóbb út, mely minden út közül a legmagasztosabb.[62] Úgy gondolom, hogy Pál ezt nem nevezi karizmának, különbséget tesz a Szentlélek ajándékai *(vö. 1 Kor 12,31)* és a gyümölcse között *(vö. Gal 5,22-23).* Pál azt fejti ki a szeretethimnusz bevezetőjében, hogy azért mindennél kiválóbb Út, mert Krisztus maga az Út, kinek példáját követnünk kell. Felhívja a figyelmet arra is, hogy szeretet nélkül semminek nincs értelme, még a legnagyszerűbb karizmák sem érnek semmit szeretet nélkül. Amikor a Szentírás útról beszél, akkor jelképesen az ember életét jelöli meg. *„Kérdezősködjetek az ősi ösvények felől, melyik út a jó, és azon járjatok."* *(Jer 6,16)* Az Újszövetségben azt olvassuk, hogy „*...szoros az út, amely az életre visz"* *(Mt 7,14)* Az őskeresztényekről nemes egyszerűséggel azt állították, hogy „*...ez útnak követői"* *(ApCsel 9,2),*[63] vagyis Krisztus követői, amelyre az apostol a korintusiakat tanítja. Pál szerint a szeretet maga az Út, a Krisztusban újrateremtett ember útja.[64] Életmódot, életvitelt jelent, amely Istennel való közösséget eredményez. A szeretet által válik életünk Istennek tetszővé.[65] Azt gondolom, hogy Pál legfőbb tanítása a szeretethimnuszban, hogy a szeretet útján járjunk, és a Szentlélek által ebben utánozzuk Istent. t,,*Kövessétek tehát, mint kedvelt gyermekek, Isten példáját,*

---

60   Károli G.: *Szent Biblia*

61   *Vö. Barsi B.: Örökké megmarad, 10.*

62   *Vö. Benyik Gy.: Szent Pál levelei a korinthusiakhoz, 364.*

63   *Károli G.: Szent Biblia*

64   *Vö. Sarkadi N. P.: A szeretet himnusza, 7.*

65   *Vö. Kocsis I.:* »*A szeretet és a karizmák kapcsolata a Szeretethimnusz (1 Kor 13) fényében*« *in Az Üdvösség igéje. Újszövetségi tanulmányok, 168.*

és éljetek szeretetben." (Ef 5,1) Jézus egész viselkedése és etikája is Isten jóságának, szeretetének az utánzása volt *(vö. Jn 17,20-26).*[66] Pál a krisztusi szeretet követésére buzdít: *"Hiszen erre vagytok hivatva, mert példát hagyva nektek Krisztus is szenvedett értetek, hogy az ő nyomdokait kövessétek."* (1 *Pét 2,21)* Jézus mindenkit tiszta szeretettel elfogad.[67] Az Úr Jézus számára az egész világ tele van Istennel, főleg az emberekkel való találkozáskor látja az Atyaisten pillantását. Például a föníciai asszony szeretetében, hitében és alázatában látja meg az isteni képmásra teremtett ember szépségét *(vö. Mk 7,24-30).*[68] Pál apostol itt azt sugallja, hogy akkor szeretünk krisztusi módon, ha mi is meglátjuk a másik emberben Isten képét. Felfedezzük annak legalább a lehetőségét, azt a valakit, akivé Isten akarja, hogy legyen.[69] Ellenben korintusban az önérdek és az önzés, irigység uralkodott. Mint ahogy a farizeusok is azért vetették meg a vámosokat, mert szeretetük önző volt. *"Hisz a bűnösök is szeretik azokat, akik őket szeretik."* (Lk 6,32) Jézus szeretete viszont önzetlen szeretet, mely pazarlóan árad szét. Nem vár semmit a szeretetért cserébe. *"Szeressétek tehát ellenségeiteket! Tegyetek jót és kölcsönözzetek, semmit vissza nem várva, így nagy lesz a ti jutalmatok, és a Magasságbeli fiai lesztek, mert ő jóságos a hálátlanokhoz és gonoszokhoz is."* (Lk 6,35) Szeretetét nem oltják ki még a méltatlanok sem, ezért lett a világ megváltója.[70] Azt gondolom, hogy Jézus legnagyobb szeretetét a kereszten mutatta be, ahol végül az életét adta a bűnösökért. Pál ezt így fogalmazza meg és emeli ki: *"Mert nem akartam másról tudni köztetek, mint Jézus Krisztusról, a megfeszítettről."* (1 Kor 2,2) Ez a szeretet legmagasabb foka, melyről a Mester így tanít: *"Nagyobb szeretete senkinek sincs annál, mint ha valaki életét adja barátaiért."* (Jn 15,13) Ezt a szeretetet állítja Pál követendő

---

66   Vö. JEZSUITÁK: A szív, 9.

67   Vö. SARKADI N. P.: A szeretet himnusza, 11.

68   Vö. JEZSUITÁK: A szív, 10-11.

69   Vö. NEMESHEGYI P.: A szeretet útja, 138-139.

70   Vö. SARKADI N. P.: A szeretet himnusza, 11.

példaként, és arra ösztönöz mindenkit, hogy Isten szeretetével szeressük embertársainkat. Aki szeret, az tanú. Istennek szüksége van tanúkra, akik szeretetét tanúsítják,[71] róla pedig életük gyümölcsével bizonyságot tesznek. Itt Pál a Szentlélek gyümölcséről beszél, az ἀγάπη-ról. Az apostol jól beszélt görögül, mégis egyes számban mondja a gyümölcsöt, mert a kilenc közül első *„a szeretet"* *(Gal 5,22),* a gyümölcs, a többi nyolc pedig annak a megnyilvánulásai, tettei, feltételei.[72] *„Öröm, békesség, türelem, kedvesség, jóság, hűség, szelídség, önmegtartóztatás."* *(Gal 5,22-23)*

Ha szeretetben tesszük a dolgunkat azért, hogy szolgáljunk vele másoknak, akkor cselekedeteink örök értékűek, mert a szeretet nem tűnik el, hanem örökre megmarad.[73] Pál apostol a szeretethimnuszban egy utat rajzol meg, mely az örökkévalóságba elvezet, s ez a szeretet útja, vagyis Krisztus útja.

Az angyalok nyelve szeretet nélkül mit sem ér

„A Lélek megnyilvánulásait mindenki azért kapja, hogy használjon vele" (1 Kor 12,7)

Pál célja, hogy elrendezzen bizonyos zavarkeltő szokásokat. A korintusiak ugyanis a glosszoláliát tartották a legértékesebb penumatikus jelenségnek.[74] Szent Pál arra igyekszik, hogy helyreigazítsa a nyelvek adományának helytelen használatát, mely a Lélek által az Egyház épülésére adatott. Ajándék nem lehet öncélú, csak a szeretet kifejeződése.

---

71 Vö. Sarkadi N. P.: A szeretet himnusza, 12-13.

72 Vö. Nemeshegyi P.: A szeretet útja, 135.

73 Vö. Nemeshegyi P.: A szeretet útja, 186.

74 Vö. Varga Zs.: A első korintusi levél magyarázata, 122.

Általában a híresebb Biblia-kommentárok, mint például a Szent Jeromos kommentár[75] is az előzményekből következtet arra, hogy az „angyalok nyelve" kifejezés a máshol használatos „nyelveken szólás" karizmával azonosítható. Saját véleményem szerint az is alátámasztja ezt a hipotézist, hogy *(vö. 1 Kor 12,28)*-ban is úgy használja mint a karizmák legkisebbikét, és a felsorolás végén találjuk. A 14. fejezetben szintén a prófétálás előtt említi Pál apostol *(vö. 1 Kor 14,1-3)*. Az 1 Korintus 13-ban is a prófétálás előtt áll, tehát az „angyalok nyelve" a felsorolásban helyileg ott foglal helyet, mint a „nyelveken szólás" a két vizsgált perikópában. Az *(vö. 1 Kor 14,1-3)*-ban megfigyelhetünk egy hierarchikus rendet is, amelyet Pál állít fel. Kifejti, hogy a prófétálás fontossága szerint miért következik a nyelveken szólás után a rangsorban. Tehát egyik esetben sem véletlenszerű felsorolásról van szó. A szeretethimnuszban Pál a legkisebb karizmától, glosszoláliától halad a legnagyobbig. Téma szerint is ez illik a felsorolásba. A karizmákat tárgyalja három perikópán keresztül *(vö. 1 Kor 12-14)*, melyekben sokszor használja a „nyelveken szólás" kifejezést. Az apostol a szeretethimnuszban elmélyíti a témát, és relativizálja a karizmákat.[76] Ezért az *(vö. 1 Kor 13,1)*-ben a nyelveken szólás adományára gondol.

Vizsgáljuk meg a problémát egy másik aspektusból. Az apokrif iratokban, például Jób testamentumában találunk utalást az „angyalok nyelvére". Jób lányának Hémérának az énekét őrizték meg az iratok.

„...más szívet kapott, annyira, hogy gondolatai többé nem voltak földiek. Az angyalok nyelvén énekelt, himnuszba foglalta mondanivalóját Istennek, az angyalok által énekelt himnuszok mintájára. A Lélek megengedte, hogy a himnuszokat, amelyeket énekelt, megörökítsék a levélben." (Job testamentuma 48,2-3)[77] A harmadik lány: „... és az ő szája is a mennyeiek nyelvén kezdett szólani, mivelhogy az ő szíve is mássá lett

---

75   Vö. MURPHY-O'CONNOR, J.: »Első levél a Korintusiaknak« in Jeromos
      Bibliakommentár II. Az Újszövetség könyveinek magyarázata, 20.

76   Vö. SZÉKELY J.: Az Újszövetség teológiája, 236.

77   MARIE, C. J.: A nyelvek adománya, 50.

és elkülönült a világi dolgoktól. Ugyanis a kérubok nyelvén szólott: úgy dicsőítette az Erények Urát, hogy felmutatta az ő dicsőségét." (Jób testamentuma 50,1-2)[78] Tehát a szöveg alapján megállapíthatjuk, hogy az ókori ember gondolkodásában az angyalok nyelve nyelveken szólást jelentett. Az angyalok nyelvén énekelt himnusz mint kifejezés és a kérubok (angyal) nyelvén való ima megegyezik a szeretethimnuszban szereplő angyalok nyelvével mint kifejezéssel. Tartalmilag a Jób testamentumában vizsgált szövegek megegyeznek az Ószövetségben található nyelveken szólással kapcsolatos leírásokkal. Például: *„Idegen nyelveken és idegen ajkával szólok majd ehhez a néphez, de még így se hallgatnak rám, mondja az Úr."* *(Iz 28,11)* Ezt az igét idézi Pál apostol az *(vö. 1 Kor 14,21)*-ben. Az Újszövetségben Pál azt írja, hogy *„aki ugyanis nyelveken szól, nem embereknek beszél, hanem Istennek, senki sem érti, hanem a Lélek által beszél titkos dolgokat."* *(1 Kor 14,2)* A fent említett szemléletes példák után belátható, hogy tartalmilag Pál véleménye a nyelveken szólásról megegyezik a Jób testamentumában lévő leírással. Tehát bizonyítottuk azt az értelmezési irányt, hogy az angyalok nyelve kifejezés Pál apostol gondolkodásában a „nyelveken szólás" adományára utal.

Pál ezt az adományt a pengő cimbalommal hasonlítja össze. Ez a szeretet hiányát jelzi. A cimbalomnak az ókorban liturgikus szerepe is volt, ezt használták például a jeruzsálemi templomban is. A görögök ezt akkor használták, ha a szónok filozófia nélkül beszélt. Az angyalok nyelve az égi kultusz nyelve. Ők Isten előtt állnak és minden közvetítő nélkül megértik Őt, s beszélnek hozzá:[79] *„Sok angyalt láttam, és hallottam szavukat a trón körül."* *(Jel 5,11)* Pál apostol a következőket írja az angyalok nyelvéről: „... *elragadtatott a paradicsomba, és titkos igéket hallott, amelyeket embernek nem szabad kimondania."* *(2 Kor 12,4)* Az angyalok „gondolatolvasással" kommunikálnak Istennel. Látják Istenben, mint egy tükörben, amit Isten látni enged nekik. Ahogyan mi Istent látjuk tükröződni a világban, mint művészt a

---

78   ADORJÁNI Z.: *Jób testamentuma*, 79.

79   Vö. Barsi B.: *Örökké megmarad*, 17.

műalkotásban, úgy az angyalok látják a világot Isten tudatában tükröződve. Valahogy úgy, mint egy történet hallgatója látja az eseményeket az elbeszélő elmondása alapján.[80] Aquinói Szent Tamás, a „doctor Angelicus" beszél az angyalok rangsorolásáról. Azt írja, hogy a legalacsonyabb rendű angyal is intelligensebb a legjobb képességű embernél. A rejtett misztériumokat, titkokat is megmutatja nekik Isten.[81] Pál apostol erről a tökéletes, emelkedett társalgásról is azt állítja, hogy mindez semmit sem ér szeretet nélkül.

Pál az igazi motívumokat, mozgatóerőket tárja a korintusiak elé a nyelveken szólással kapcsolatban. Mindenekelőtt Istentől ered, s az Ő természetét hordozza, és a célját is meghatározza. Mivel Istentől származik, a szeretet a forrása, ezért csak szeretetben lehet használni, nem az egyén felmagasztalását növeli, mint ahogy a korintusiak gondolták *(vö. 1 Kor 14,1-25)*. A glosszolália adománya mindenekelőtt az imádkozás adományát jelenti. Az elsődleges alapfunkciója a személyes építés. *„Aki nyelveken szól, önmaga épülésére szolgál."(1 Kor 14,4)* Ezért a karizmák közül a legkisebb, mert Pál szerint a legkevésbé építi a közösséget. Ezért felhívja a figyelmet, hogy a nyelvek értelmezésének az adománya is működjön mellette, mely hasznára van a gyülekezetnek. *„Éppen ezért, aki nyelveken szól, imádkozzék, hogy meg is magyarázza." (1 Kor 14,13)* A glosszolália dicsőítő adomány, mely jól mutatja az Istentől sugalmazott lelkületet is. *„Lélek jár közben értünk szavakba nem foglalható sóhajtásokkal." (Róm 8,26)* Hozzájárul ahhoz, hogy az Egyházat a pünkösdi kegyelemhez vezesse. Pál apostol azt mondja: *„Hálát adok Istennek, hogy mindnyájatoknál jobban szólok nyelveken." (1 Kor 14,18)* A nyelveken szólás nem őrület és nem extázis, nem a pogány vallással való keveredés. Ezen kívül Pál apostol itt nem a Dionüszosz- vagy a Püthia-kultusz ellen beszél. Ennek jele az is, hogy az *(vö. 1 Kor 12,1-4.)* versben semmilyen, a hellenisztikus vallásra jellemző szót nem ismerhetünk

---

80   Vö. KREEFT, P.: *Angyalok és démonok, 66.*

81   Vö. SANCTI THOMAE DE AQUINO: *Super I Epistolam B. Pauli ad Cornithios lectura, a prooemio ad caput VII versiculum X, Caput 13, versiculus 1.*

fel, valamint nem vesztik el a fejüket, hogy Pálnak kelljen észhez téríteni őket.[82]

„Miután Appius a tanácsát kérte, Püthia előbb el akart rejtőzni. A kényszer hatására azonban megjelent a barlangban. Mellében azonnal érezte az isteni erőt. Mintegy Apollót hordozta magában: ő a lányba árasztotta a sziklából eredő erőt. Apolló teljesen az urává lesz, elűzi korábbi értelmét és arra készteti az emberi lényt, hogy megsemmisüljön a színe előtt. Püthia eszét veszti, bacchikus rajongás keríti hatalmába, habzik a szája, torkából nyögés és kiáltás hallatszik. Az istenség, mely a talajból áradó erőt belé lehelve hatalmába ejtette, megfosztotta eszétől a lányt."[83]

A karizma célja: az ima kifejezése, szavak, melyek az örömöt sugallják, az Isten és az ember szeretetkapcsolatának az egyik kifejezése *(vö. 1 Kor 14,2)*. Származását tekintve is a szeretet forrása, hisz a Szentlélek, az Atya és a Fiú szeretete árasztja el a szívünket, mely az ujjongás nyelvét sugallja, tehát csak szeretetben lehet használni. A Szentlélek szabadon osztja az ajándékot annak, akinek akarja *(vö. 1 Kor 12,11)*. Minden attól függ, hogy mire használjuk. Az Úr és az Egyház szolgálatába kell állítani *(vö. 1 Kor 14,12-13)*. Elsősorban a túláradó öröm forrása, és a dicséret és a hála megnyilvánulása kell, hogy legyen Isten felé, és nem az emberek előtti felmagasztaltatás a funkciója. A glosszoláliát a trombitaszóhoz hasonlíthatnánk, amely Istenre irányítja a figyelmünket. Isten igéjét akarja hirdetni a közösségben, az őt követő nyelvek magyarázata segítségével, melynek fontosságára Pál apostol is felhívja a figyelmet.[84] *„És ha a trombita bizonytalan hangot ad, ki fog harcra készülődni? Így ti is, ha nyelveken való szólás során világos beszédet nem mondotok, hogyan fogják megérteni, hogy mit beszéltek?" (1 Kor 14,8-9)* A karizmák, hisz Istentől erednek, arra hivatottak, hogy kegyelmet közvetítsenek, felemeljenek, s így növekedjék a közösségben a szeretet, hisz Isten is a szeretet. Fontos a karizmák

82   Vö. MARIE, J. C.: *A nyelvek adománya, 50.*

83   MARIE, J. C.: *A nyelvek adománya, Lucánus tanúvallomása, 41-42.*

84   Vö. MARIE, J. C.: *A nyelvek adománya, 54.*

gyakorlása, hogy általa Krisztus Teste épüljön, tehát egymás javára adatott, melyet a szeretetnek kell motiválnia *(vö. 1 Kor 14,1-25).*

Pál apostol buzdítja a híveket, hogy *„Szeretném ugyan, ha mindnyájan szólnátok nyelveken" (1 Kor 14,5),* „de csak akkor, ha mindez szeretetben történik..."[85]

Prófétálás, tudomány, hit adománya semmit sem ér szeretet nélkül
„ ...szeretetben szolgáljatok egymásnak!" (Gal 5,13)

Szent Pál egyre értékesebb karizmákat említ. A második karizma az értelem ajándéka, mellyel szembeállítja a szeretet nélkül mit sem ér kifejtést. Fokozatokról beszél: ismerjem az összes tikokat, azaz mindent tudjak Istenről, és minden tudományt, azaz a titkok magyarázatát. Sőt birtokoljam mélységében a hegyeket mozdító hit adományát is, melyről Jézus beszélt *(vö. Mt 17,20),* tehát a kinyilatkoztatást maradéktalanul meg tudjam magyarázni. Pál erre is csak azt mondja, hogy szeretet nélkül mit sem ér. Ez már megütközést kelt, hiszen a hitbéli tudás mellett ott az isteni kinyilatkoztatás, amely közvetlenül hasznára van a közösségnek. Pál szerint semmi, ha valaki így tudja hirdetni Isten igéjét.[86] Azt a keresztényt, akiben nincs szeretet, Isten nem tudja használni az Ő dicsőségére.[87] Aki a saját hasznát keresi, Isten ajándékát önző célra használja, annak az örökkévalóság szempontjából saját magára vonatkozóan semmit sem ér a szolgálata.[88] Éppen azért, mert mások épülésére adatott.

A karizmák Isten kegyelmi ajándékai a Szentlélek által, mely szolgálatra adatik, Isten dicsőségére, és az emberek javára. *„Így ti is, mivel*

---

85   Vö. MARIE, J. C.: *A nyelvek adománya,* 64.

86   Vö. *Barsi B.: Örökké megmarad,* 18.

87   Vö. PRIOR, D.: *Pál első levele a korinthusiakhoz,* 248.

88   BARSI B.

lelki adományokra törekedtek, azon legyetek, hogy az egyház épülésére gazdagodjatok." (1 Kor 14,12) Szeretettel kell állni a szolgálatban. *„A testvéri szeretet maradjon meg bennetek!"* (Zsid 13,1) A karizmákkal Isten szolgál rajtunk keresztül.[89] Isten azt akarja, hogy a föld sója legyünk, kovász a tésztában,[90] *„a szeretet pedig épít"* (1 Kor 8,1). Ez azt jelenti, hogy a szerető ember által a szeretett ember is krisztusi ember lesz. Isten emberek által épít. A szerető ember a lelki háznak egyik köve lesz, s az Egyház is így fog növekedni *(vö. Ef 4,15-16).*[91]

„Ami a testvéri szeretetet illeti... Az igyekezetben nem lusták, lélekben buzgók: az Úrnak szolgáltok!" (Róm 12,11)

Szeretet nélkül az önfeláldozás is csak hiábavalóság

„Féljétek tehát az Urat, s szolgáljatok neki hűségesen egész szívetekből."
(1 Sám 12,24)

A legértékesebb karizmák zárják a gondolatmenetet, amelyek semmit sem érnek szeretet nélkül. A harmadik ajándék az önfeláldozás, mely az összes karizmánál kiválóbb. Két szinten valósul meg. Az egyik a birtoklás szintje. Az Úr Jézus a gazdag ifjút arra kérte, hogy adja el mindenét és kövesse őt. Valójában azt szerette volna, hogy szeresse mindenek felett *(vö. Mt 19,16-22).* A szegény asszony két fillérjét a szeretet tette felbecsülhetetlenné *(vö. Mk 12,41-44).*[92]

Végül a totális önátadásra tér át Pál apostol. A többi bibliafordítással összevetve jelentősebb eltérés itt mutatkozik. A Vulgátában nem szerepel

---

89   *Vö. SIPOS (S) GY.: Isten szeretete gyógyít, 30.*

90   *Vö. Sievers, E.: Élet a lélekben, 61.*

91   *Vö. SARKADI N. P.: A szeretet himnusza, 41.*

92   *Vö. Barsi B.: Örökké megmarad, 18-20.*

az égőáldozatul szó, hanem az *„adjam át testemet, hogy dicsekedhessem"* *leírás található.*

„»Hogy dicsekedhessem« szó helyett több kódexben a καυθήσομαι változat található, a καίω = égetek ige pass. fut.-a [tehát »elégettessek«]. Nyelvtanilag ez nem helyes, mivel a ἵνα kötőszó után coni. kellene, az Újszövetségben azonban néhány más helyen is megtalálható a koinénak ez a sajátossága, hogy fut.-ot használnak coni. helyett (a καυθήσωμαι változat viszont hibás forma, nem valószínű, hogy – a bizánci görögben megtalálható – coni.cut. lenne). A fordítások nagy része a szövegösszefüggés miatt a καυθήσομαι olvasatot részesíti előnyben: »hogy elégjek« vagy »hogy elégessenek«. Így a vértanúságra való utalás, a teljes önátadás gondolata jól illik az előző mondathoz, a test átadásához. Ha viszont a test átadásának motívuma a hiú dicsőségvágy, az ilyen áldozat már eleve értéktelen, s nem illik bele a felsorolásba. Ennek ellenére mégis több érv szól a καυχήσωμαι olvasat mellett. A legrégibb és legjobb kódexekben ez áll, s éppen mivel ez nehezebben illeszkedik a szövegbe, könnyebben megmagyarázható, miért került helyébe a καυθήσομαι, amikor a vértanúságról van szó."[93]

Azt gondolom, hogy mindkét szöveg alapján elérkeztünk a mártíromsághoz. A *„dicsekedhessem"* kifejezéssel a korintusiak pogány lelkületű önfeláldozása ellen szól Pál apostol. Nem a krisztusi lelkület a heroikus önfelmagasztaló dicsőségvágy. *„Mert nem akartam másról tudni köztetek, mint Jézus Krisztusról, a megfeszítettről." (1 Kor 2,2)* Jézus azért jött, hogy üdvözítse a világot. Az apostol arra buzdít, hogy Jézus lelkületét ápoljuk magunkban *(vö. Fil 2,1-18). „Tőlem pedig távol legyen másban dicsekedni, mint a mi Urunk, Jézus Krisztus keresztjében..." (Gal 6,14)* Loyolai Szent Ignác szerint „mindent Isten még nagyobb dicsőségére", még a vértanúságot is... *„Akármit cselekesztek, mindent az Isten dicsőségére míveljetek." (1 Kor 10,31)*[94] A keresztényeket ennek kell motiválnia, erre buzdítja Pál apostol a korintusiakat. Keresztes Szent János szerint sok erényes ember van a világban, és hősies tetteket cselekednek, de ez az örök

---

93   *Szabó M.: Órai jegyzet az 1 Kor 13-hoz*
94   *Károli G.: Szent Biblia*

élet szempontjából nem számít, mivel tetteikkel nem az Isten dicsőségét és tiszteletét keresik. Az ember, ha a saját cselekedeteit nagyra tartja, akkor örömére szolgál. Azonban ez egy isteni értékrendben kevélység és képmutatás csupán, ahogy az Úr a farizeusokról tartja.[95]

Az isteni értékrendben csak az a dicsőség, amit az ember szeretetből tesz, és elszenved az Ő Fiáért. Az élet értelme nem az, hogy másokat lehagyjunk, és kiemelkedjünk, hanem az, hogy szeressünk. A helyes hozzáállás, hogy jót tegyünk és az embereket és az Istent szeressük. A szeretet megléte vagy hiánya lesz a mérce az utolsó ítéletkor. *„Mert éheztem és ennem adtatok."* *(Mt 25,35)* Az Ige mindig a feltétel nélküli, bátor szeretetre sarkall minket.[96]

„Ha mindig Isten iránti szeretettel és félelemmel haladunk előre, akkor meg fogjuk állni a helyünket a sok kísértés közepette."[97] *„Örvendezve szolgáljátok az Urat."* *(Zsolt 100,2)*

---

95   Vö. Keresztes Sz. J.: *Keresztes Szent János aranymondásai, 57.*

96   Vö. Nyiredy M.: *Égi és földi szerelem, 78.*

97   Szent Terézia: *A tökéletesség útja, 15.*

4. fejezet

A szeretet tulajdonságai

„A szeretet türelmes, a szeretet jóságos, nem féltékeny, nem kérkedik, nem fuvalkodik fel, nem nagyravágyó, nem keresi a magáét, nem gerjed haragra, nem gondol rosszra, nem örül a gonoszságnak, de együtt örül az igazsággal, mindent eltűr, mindent elhisz, mindent remél, mindent elvisel." *(1 Kor 13,4-7)*

Pál apostol a végletekig csigázta az érdeklődésünket, hogy milyen is a szeretet. Ez a felsorolás nemcsak az önzetlen szeretet erényét sorolja fel. Nem véletlenszerűen kiragadott tulajdonságokat ír, hanem a szeretetről mint Jézus Krisztusról készített portréként fogható fel. Minden, amit nem tesz a szeretet, az a Krisztus Egyházáról készített látlelet. Így jelenik meg Krisztus és az Ő Misztikus Teste közötti ellentét.[98] Az ellentét megosztást okoz. Pál apostol azonban egyesíteni akarja a korintusiakat, *„hogy mindnyájan ugyanazt mondjátok, és ne legyen köztetek pártoskodás, hanem legyetek tökéletesen egyek ugyanabban a lelkületben és ugyanabban a felfogásban"* *(1 Kor 1,10)*. Úgy, ahogy Jézus mondta: *„egy legyenek, mint mi" (Jn 17,11)*.

Ez a strófa három részre osztható: két lényeges pozitív tulajdonság, azt nyolc tagadás követi és végül öt állítás tagolja a művet.[99]

A szeretet türelmes
„Tekintsétek a mi Urunk hosszantűrését rátok nézve üdvösségnek." (2 Pét 3,15)

A korintusiak bűnére Isten a türelemmel válaszol, mely esélyt ad a változásra. A görög türelem szó, a μακροθυμεῖ ige „nyomás alatti megmaradás"-t fejez ki.[100] Jelenti azt is, hogy nagy türelmű, hosszan tűrni tudó, nagylelkű. A hosszú a görög eredetiben makro, azaz „nagy" mennyiséget és nagyságot kifejező jelzőnek is döntő jelentősége van. Kifejezi, hogy a másik iránti türelemnek időben és térben, sőt teherbírásban széles és tág határa van.[101]

98   Vö. Barsi B.: Örökké megmarad, 26.

99   Vö. Barsi B.: Örökké megmarad, 26.

100   Vö. Barsi B.: Örökké megmarad, 28.

101   Vö. Soós A.: A szeretet himnusza, 50.

Az Ószövetségben is látjuk, hogy a választott néppel szemben Istennek elvárásai vannak, de szeretete túlnő minden büntetésen. Isten türelmes volt az Ő népével szemben. *„Negyven esztendeig tűrte viselkedésüket a pusztában."* *(Csel 13,18)* Jézusban is kifejezésre jut az isteni türelem, például Lukács evangéliumában is azt olvassuk, hogy Jézus időt ad a fügefának a gyümölcstermésre. *„Uram! Hagyd meg még ebben az évben, míg körülásom és megtrágyázom, hátha gyümölcsöt hoz jövőre."* *(Lk 13,8-9)* Jézus végtelen türelme a passióban tárul fel, ahol teremtő módon elviseli a szenvedést, imádkozik, kapcsolatban marad az Atyával. Hosszabban tűrt, mint ameddig a gyűlölet áradata tartott, s ezáltal aratott diadalt a gonosz felett *(vö. pl. Mt 26-27)*. Jézus türelmének teremtő ereje van, amelyet az Atya igazolt, amikor Jézust feltámasztotta a halálból. Ez hasonló ahhoz, amikor Szent István vértanú türelme teremtette az Egyháznak Szent Pált, a népek apostolát, aki tudja, hogy mit jelent az, hogy *„a szeretet türelmes"(1 Kor 13,4).*[102]

A türelem a földi síkon azt jelenti, hogy nem ítélkezem, nem felelek agresszióval, a sérelmeimet a szeretet tüzében elégetem, mert Istené az ítélkezés joga. *„Íme az Úr mindörökké trónol, ítéletre készen tartja trónusát. Megítéli igazsággal a föld kerekségét, méltányosan ítéli meg a népeket."* *(Zsolt 9,8)* Ő ad időt, nincs jogom ezt megtagadni, hisz nekem is időre van szükségem, hogy akaratát megértsem és elfogadjam. Amíg élünk, kegyelemből élünk, az idő mindenképpen kegyelmi haladéknak tekinthető.[103] A Bibliában azt olvassuk, hogy *„Az ember okosságát türelmén lehet lemérni, és becsületére válik, ha a hibát el tudja nézni."* *(Péld 19,11)* Az Ige azt írja, hogy az ember az isteni gondolkodás elsajátításával válhat hosszútűrővé. Az istenismeret mellett mély emberismeretre is szükségünk van úgy, ahogy Isten ismeri az embert. *„az Úr azonban a szívet tekinti."* *(1 Sám 16,7)* A hosszútűrő szeretet úgy alakulhat ki bennünk, ha mi is meglátjuk a másik

---

102 Vö. Barsi B.: Örökké megmarad, 28.
103 Vö. BALLING, L. A.: A szeretet csendes, 19.

ember lényegét, „ami a szívében van." Ezáltal felismerjük benne az isteni képmást *(vö. Ter 1,27).*[104] Türelmet kell tanúsítanunk magunk, embertársaink és Isten felé, vagyis Isten szemével kell néznünk a dolgokat. *„Legyetek türelmesek mindenki iránt." (1 Tessz 5,14)*[105]

A szeretet jóságos

„...ízleljétek meg és lássátok, milyen édes az Úr" (Zsolt 34,9)

A görögben egy szokatlan ige áll itt: χρηστεύεται. Az exegéták, például dr. Barsi Balázs atya és David Prior szerint is Pál alkotta ezt a kifejezést, s Jézusra vonatkoztatta. Ha le akarjuk fordítani, olyasmit jelent, hogy szeretettel teljesnek, jósággal elteltnek lenni, a szeretet önmaga túlcsordulása. A teremtés ős oka ez, a szeretet áradó gazdagsága, ingyenessége.[106] Eredendő jóságból fakadóan kitartóan törekszik javára lenni másoknak.[107]

Ez a jóság értelmezhető Jézus nyilvános működésére is: *„hogy megmutassa a jövendő időkben kegyelmének bőséges gazdagságát hozzánk való jóvoltából Krisztus Jézusban." (Ef 2,7)* Érdek nélküli jósággal, anélkül fordult a bűnösök felé, hogy cinkosukká vált volna. Jellemét átitatja a szelídség, a szeretet, a jóság, az irgalom, mely élő bizonyítéka annak, hogy a Szentlélek jelen van az életében.[108] *„A Lélek gyümölcse pedig a szeretet, öröm, békesség, türelem, kedvesség, jóság, hűség, szelídség, önmegtartóztatás." (Gal 5,22)* Ez a jóság áradt ki Istenből a teremtményekre is.

---

104   *Vö. Soós A.: A szeretet himnusza, 52.*

105   *Vö. Barsi B.: Örökké megmarad, 28.*

106   *Vö. Barsi B.: Örökké megmarad, 29.*

107   *Vö. Cserháti S.: Pál apostol a korinthusiakhoz írt első levele, 606.*

108   *Vö. Barsi B.: Örökké megmarad, 29.*

„Isten, aki mindennek az oka, jóságának végtelenségében mindent szeret. Ebben a szeretetben éltet mindent azáltal, hogy mindennek létet ad. Azáltal tölt be mindent, hogy minden dolgot képessé tesz sajátos tökéletességének elérésére. Azáltal tartalmaz mindent, hogy minden dolgot megőriz a létben. Azáltal fordít meg mindent, hogy azokat maga felé, azaz céljuk felé irányítja. Mondjuk így: az isteni Szeretet jó, a Jóságból árad ki, azaz a Szerető Isterből, a Jóság tárgyát képezi, minthogy Isten nem szeret semmit, ami nem Jóságáért van."[109]

„Tulajdonképpen ki kell mondanunk: Isten szeretete alaptalan szeretet. Szeret, mert Isten."[110] Ezt fedezi fel Szent Ferenc, s ezért így köszönti az embereket: „jó napot jó emberek". Ezt nevezhetjük a személyválogatás nélküli szeretet kifejeződésének is.[11] „De ha személyválogatók vagytok, bűnt követtek el." (Jak 2,9) Isten pedig mindenkit szeret. „Mert Istennél nincs személyválogatás." (Róm 2,11) A jóság aktív, dinamikus cselekvésben jut kifejezésre. „Mert jóságod és irgalmasságod kísér engem életem minden napján."(Zsolt 23,6) Az isteni lélek megnyilvánulása a minden cselekedetre kiterjedő jó szándék. „A világosság gyümölcse pedig csupa jóság, igazságosság és igazság." (Ef 5,9)

A jóakaró szeretet már nemcsak a saját javát keresi, hanem tekintettel van a másik érdekére is,[112] mérlegeli, hogy milyen segítséget nyújthat mások javára. „Mindegyiktek igyekezzen keresni felebarátjának kedvét, javát és épülését." (Róm 15,2)[113]

A két állítás Isten tulajdonságaira utalt. A Szentírás egy új gondolatkörhöz vezet minket.[114] A következő nyolc negatívum a korintusi közösség árnyoldalait mutatja be. Elemezzük őket konkrétan, az adott

---

109 Chenu, M. D.: Aquinói Szent Tamás és a teológia, 76.

110 Barsi B.

111 Vö. Barsi B.: Örökké megmarad, 29.

112 Vö. Weyer,W.: A első korintusi levél magyarázata, 14.

113 Vö. Beran, F.: A keresztény erkölcs alapjai, 138.

114 Vö. Legler, E.: Das Hohe Lied der Liebe, 16.

szituációra vonatkozóan, és vizsgáljuk meg egyetemes jelentésüket is.[115] Ezenkívül nézzük meg, hogy Jézusnál hogyan jelenik meg pozitív tulajdonságként, mert Pál Krisztus követésére buzdítja a korintusiakat, azaz a megszentelődésre, az Úr Jézushoz igazodásra. Jézus önzetlenül szeret minden embert. Jézus alázatos. Jézus tekintettel van a másik emberre. Jézus önzetlen, mert az életét is odaadta. Jézus szelíd. Jézus megbocsájt a bűnösöknek. Jézus az ellenségeit is szereti. Jézus örül más örömének. Jézus tűr. Jézus a jót feltételezi. Jézus remél. Jézus a szenvedést, sőt a halált is elviseli.

Nem féltékeny
„Isten féltékenységével vagyok féltékeny rátok" (2 Kor 11,2)

A korinthusiak pártoskodnak, s ebben benne van két nagy negatív érzés, az irigység és a féltékenység. Az irigy ember nem birtokolja azt a jót, ami másokban megvan, s ezt negatívumként éli meg.[116] A nép Jézussal szemben így viselkedett. *„Kit akartok, hogy elbocsássak nektek, Barabást vagy Jézust, akit Krisztusnak mondanak? Tudta ugyanis, hogy irigységből adták őt a kezébe."* (Mt 27,17-18) A féltékeny ember birtokolja, de nem akarja másokkal megosztani. Azonban mindkettő szenved, fáj nekik a másik jósága, tehetsége és sikere. Ez egy fojtogató érzés, mely elpusztítja a szeretetet.[117] Az irigy ember így vélekedik: „Az igazat megvallva, alapjában véve semmi rosszat nem látok benned, talán csak egyet... azt, hogy jobb vagy, mint én és ez nehezen megbocsátható."[118]

---

115   Vö. Barsi B.: Örökké megmarad, 31.

116   Vö. Barsi B.: Örökké megmarad, 31-32.

117   Vö. Barsi B.: Örökké megmarad, 31-32.

118   SIMON A.: Szeretetközelben, 56.

Az isteni szeretet nem ismer erőszakot, mindig tiszteletben tartja a döntésünket, a szabadságunkat. A szenvedésben nem hagy el minket, s a szeretet a legerősebb összekötő erő.[119] *„Erős a szerelem, mint a halál, és könyörtelen a féltés, mint az alvilág, a szikrája izzó tüzes szikra."* (Én 8,6) Azt gondolom, van azonban isteni féltékenység is. Már a tízparancsolatban találkozunk ezzel a gondolattal. Isten akkor féltékeny, ha az ember másnak adja azt az imádatot, ami jogosan Őt illeti meg *(vö. Kiv 20,1-6)*. Ez a „féltékenység" valójában az ember üdvössége érdekében munkálkodik, tehát a boldogságát tartja szem előtt. *„Mert az Úr, a te Istened emésztő tűz, féltékeny Isten."* (MTörv 4,24) Meg akar szabadítani a kötelékektől, melyek gátolják a szeretetet, amik valójában a bűn rabjává tesznek minket. Krisztus a szabadságot hozta el nekünk. *„…hirdessem a foglyoknak a szabadulást, és a megkötözötteknek a börtön megnyitását."* (Iz 61,1)

Nem kérkedik, nem fuvalkodik fel

„…aki isteni mivoltában nem tartotta Istennel való egyenlőségét olyan dolognak, amelyhez mint zsákmányhoz ragaszkodnia kell" (Fil 2,6)

A korintusiak dicsekednek a karizmákkal, az egyik gyógyít, a másik nyelveken szól, tanít. Ez az énközpontúság minden problémára kihat, melyet a *(vö. 1 Kor 8)*-tól említ Pál apostol.[20] Vagyis a maguk kiválóságát hirdetik, hogy ezzel megszégyenítsenek másokat *(vö. 2 Kor 11,12)*.[121] A kérkedésnél még veszélyesebb a felfuvalkodottság. A gőgös ember meg van győződve a tökéletességéről.[122] A kevélység a legveszélyesebb a hét főbűn közül, ugyanis

---

119   Vö. LEGLER, E.: Das Hohe Lied der Liebe, 16-18.

120   Vö. WALVOORD, J. F.: A Biblia ismerete,269.

121   Vö. CSERHÁTI S.: Pál apostol a korinthusiakhoz írt első levele, 607.

122   Vö. Barsi B.: Örökké megmarad, 33.

a maga értékessége elvakítja, más ember pedig nem érdekli. A kevélység dicsőségre törekvésben, nagyravágyásban nyilvánul meg.[123]

Azt gondolom, hogy ez ellentétben áll az igével, miszerint *„Mid van, amit nem kaptál?"* (1 Kor 4,7) A helyes viszonyulás az alázatosság, mely felismeri kicsinységét, és mindenekelőtt azt, hogy függ egy felsőbb hatalomtól. Jézus tanítása szerint *„...nálam nélkül semmit sem tehettek"(Jn 15,5)*. Krisztus élete a példa az alázatra. Jézus a neki járó megtisztelő címet is kész volt feladni *(vö. Fil 2,6)*.[124] A kereszten függő Jézus az alázat és a szeretet jelképe. *„Megkínozták, és ő alázatos volt, nem nyitotta ki száját."* *(Iz 53,7)* Jézus alázata mind az Atya, mind az emberek felé megmutatkozott, példát mutatva ezzel a helyes emberi magatartásra. Tanítása szerint: *„...aki nagy akar lenni, köztetek legyen a szolgátok"* (Mt 20,26). Nem az emberek előtt akart nagy lenni, hanem Mennyei Atyja akaratát teljesítette. *„... azt teszem, ami kedves neki."* *(Jn 8,29)* Pál apostol az alázat erényére hívja fel a figyelmet, mely a szeretet mellett a legjellegzetesebb keresztény magatartás. Istennek jobban tetszik az a jelentéktelen munka, melyet csendben, magányban végeznek, az emberek tudta nélkül; mint az, amelyet azért tesznek, hogy az emberek észrevegyék, és mások csodálatát kiérdemeljék.[125] A szolgáló önzetlen szeretet a helyes viszonyulás az Isten és embertársak felé. Jézus tanítása szerint, aki befogadja a kisgyermeket, Őt fogadja be *(vö. Mt 18,5)*.

Kis Szent Teréz az alázatosságot így fogalmazza meg: „ha gyorsan akarunk haladni a szeretet útján, maradjunk mindig kicsinyek."[126]

---

123   Vö. ROSKA P.: Morális, Főiskolai jegyzet, 10.

124   Vö. CSERHÁTI S.: Pál apostol a korintnthusiakhoz írt első levele, 607.

125   Vö. Keresztes Sz. J.: Keresztes Szent János aranymondásai, 54.

126   SCHÜTZ A.: Korunk szentjei, 47.

Nem tapintatlan

„A tisztelet dolgában egymással versengők" (Róm 12,10)

A magyar fordításból kiindulva például jelenti azt, hogy finomkodik. Ellenben a szeretet ismeri a jó ízlést, az udvariasságot. A 13. fejezetben a fordítók számára a legvitatottabb szó.[127] A görög szó (ἀσχημονεῖ) jelenthet illetlen viselkedést is, de rokonságban van az „ocsmányság" (ἀσχημοσύνη) és az „ocsmány, nyomorék" (ἀσχήμων) szavakkal is.[128]

Első pillantásra az illemszabályokra gondolhatnánk, de másról van itt szó. A szeretet tapintatos. Ezért nem viselkedik illetlenül, vagy bántóan, ízléstelenül vagy úgy, hogy másokban megütközést keltsen. Még akkor sem, ha egyébként szabadságában állna is ilyesmit megtenni *(vö. 1 Kor 5,11).*[129] Pál egyfajta visszafogottságra hívja fel a figyelmet, mely tiszteletben tartja a másikat, mert a szeretet tekintettel van a másikra. Pál egy olyan embertársi-közösségi magatartásért emeli fel a szavát, amely megadja a másiknak a tiszteletet. Nem feltűnősködik azzal, hogy önfejű és illetlen.[130] Korintusban ugyanis előfordult, hogy az istentiszteleteken egyesek lerészegedtek *(vö. 1 Kor 11,17-22).*[131] A bántó viselkedés a nők istentiszteleti magatartásában nyilvánult meg és az istentisztelet szervezésében *(vö 1 Kor 11,2-16).*[132] Ez nem feltétlenül szándékos, mert lehet, hogy az igazság védelmében fajul a vita veszekedéssé, de az igazság nevében sem lehetünk sértőek. A másik ember mint Isten képmása mindig tiszteletreméltó.[133]

---

127   Vö. *Michaelsen, H. F.: Szeretet nélkül semmi vagyok, 86-89.*

128   Vö. *Harmai G.*

129   Vö. *Cserháti S.: Pál apostolnak a korinthusiakhoz írt első levele, 607.*

130   Vö. *Michaelsen, H. F.: Szeretet nélkül semmi vagyok, 86-89.*

131   Vö. *Barsi B.: Örökké megmarad, 34.*

132   Vö. *Walwoord, I, F.: A Biblia ismerete, 270.*

133   Vö. *Barsi B.: Örökké megmarad, 35.*

Azt gondolom, hogy Jézus magatartását, cselekedeteit olyan szeretet hatja át, amely tekintettel van a másikra, és cselekedeteivel nem okoz megbotránkozást. *„Nem kiált, nem emeli fel hangját, és nem hallatja az utcán."* *(Iz 42,1)*

Nem keresi a magáét
„ ...hanem kiüresítette önmagát, szolgai alakot vett fel..."
(Fil 2,7)

Az 1 Kor levélben olvassuk, hogy a központi probléma az, hogy mindenki csak a saját hasznát keresi. Másokkal nem törődnek, még a hitben gyengékkel sem. Például az áldozati húsevéssel megbotránkoztatják az ingadozókat *(vö. 1 Kor 8,9, vagy 10,23-24)*. Önző cselekedet az, ha figyelmen kívül hagyjuk a másik érdekeit. *„Egyiktek se tartsa csak a maga érdekét szem előtt, hanem a másokét is."* *(Fil 2,4)* Önmagunkkal való megszállott törődés, amely kárára van a közösségnek.[134] *„Hiszen mindenki a maga dolgával törődik és nem Jézus Krisztuséval."* *(Fil 2,21)* Pál az önző magatartást fejezi ki, de nyitva hagyja a kérdést, hogy mi az, amit az önző ember keres: a hasznát, az igazát vagy valami mást... *(Vö. 1 Kor 10,33)*[135]

Krisztus ellenben nem a *„magáét"* kereste, hanem *„megüresítette"* önmagát, lemondva arról, ami az övé lett volna, és *„szolgai formát vett fel"* *(Fil, 2,7)*. Erről az odaadásról szól a teljes evangélium. *„Hiszen az Emberfia ... életét adja váltságul sokakért"* *(Mt 20,28)* Az odaadás Isten tulajdonsága, ami egyetlen kifejezésbe sűríti mindazt, ami Krisztus. Ő az emberekért jött el, ez a szeretet hatalma.[136] Krisztusban minden beteljesedett, amit Isten ígért

---

134   *Vö. Barsi B.: Örökké megmarad, 36.*

135   *Vö. Cserháti S.: Pál apostolnak a korinthusiakhoz írt első levele, 607.*

136   *Vö. Michaelsen, H. F.: Szeretet nélkül semmi vagyok, 89.*

az ószövetségi próféták által.[137] Azt gondolom, hogy Ő a szenvedő szolga, a tökéletes engesztelő áldozat, aki megváltást hoz az emberiség számára *(vö. Iz 53,1-12)*. A másik javának a keresése az Isten országának meghatározó vonása. *„Mi tudjuk, hogy a halálból átmentünk az életre, mert szeretjük testvéreinket."* *(1 Ján 3,14)* A szeretet legmagasabb foka az ἀγάπη, ez az a szeretet, mely Jézus cselekedeteiben megnyilvánult. A szeretet önzetlen formája, nem érzelem, hanem tettekben megnyilvánuló cselekvő szeretet. *„Gyermekeim! Ne szeressünk szóval, se nyelvvel, hanem tettel és igazsággal!"* *(1 Ján 3,18)* Krisztus tanítása szerint úgy cselekedjünk másokkal, ahogy szeretnénk, hogy velünk cselekedjenek *(vö. Mt 7,12)*. A szeretet lényeges vonása, hogy kész a másikért önmagáról megfeledkezni. *„...aki szeretett minket és megmosott bennünket bűneinktől a saját vére által."* *(Jel 1,5)* Egy másik emberért képes az életét is feláldozni, mely a Biblia szerint a szeretet legmagasabb foka. *„Nagyobb szeretete senkinek sincs annál, mint ha valaki életét adja barátaiért."* *(Jn 15,13)*

A *„nem keresi a maga hasznát"* *(1 Kor 13,5)* kifejezésben tulajdonképpen minden benne van, amit a szeretetről el lehet mondai. A szeretet kulcsfogalmának tekinthető.[138]

Nem gerjed haragra

„...aki, mikor szidalmazták, maga nem szidalmazott, mikor szenvedett, nem fenyegetőzött, hanem rábízta magát az igazságos Bíróra" *(1 Pét 2,23)*

Korintusban mindennapos volt a vádaskodás, a harag, a veszekedés.[139] Azt gondolom, hogy saját önző érdekeiket tartották szem előtt. Vitatkoztak, gyűlölködtek, odáig fajult a dolog, hogy durva módon veszekedtek. Ez a viselkedés nem méltó egy keresztény közösséghez. Nem az Isten akaratát

---

137 Vö. Kiss J.: *Szent Pál leveleinek értelmezése, 12.*

138 Vö. Michaelsen, H., F.: *Szeretet nélkül semmi vagyok, 90.*

139 Vö. Barsi B.: *Örökké megmarad, 36.*

keresték, mely mindig békét és szeretetet hoz. Szent Pál azonban a krisztusi lelkületre hívja fel a figyelmet. „...senkit se szidalmazzanak, ne veszekedjenek. Legyenek szerények, tanúsítsanak minden ember iránt mindig szelídséget." (Tít 3,2) A Biblia ír szent haragról is. Jézus a templomból kiűzte az árusokat, és felborította a pénzváltók asztalát. Haragra gerjedt, mert az emberek Isten házát rablók barlangjává tették (vö. Mk 11,15-17). Egy másik eset, amikor Jézus haragra gerjedt a farizeusok viselkedése miatt. „Jaj nektek, képmutató írástudók és farizeusok, mert hasonlítotok a meszelt sírokhoz..." (Mt 23,27-28) Az is jó példa erre, amikor Jézus ezt mondta Péternek: „Távozz előlem, Sátán! Botrány vagy nekem, mert nem Isten dolgaival törődsz, hanem az emberekével!" (Mt 16,23)

Az Ószövetségben is megfigyelhetjük Isten természetét. Nem volt jelen a szélvészben, mely a hegyeket forgatta fel, és nem volt a földrengésben sem (vö. 1 Kir 19,11-12). Azonban a „...tűz után enyhe szellő susogása" (1 Kir 19,12) hallatszott, s ekkor szólt az Úr Illéshez. Krisztus tanításából kiderül, hogy „szelídséget" vár el tőlünk az Úr.

A következőkben nézzük meg, hogy Jézusnál hogy jutott ez a magatartás kifejezésre, hisz magáról mondta azt, hogy „Vegyétek magatokra igámat, és tanuljatok tőlem, mert szelíd vagyok és alázatos szívű." (Mt 11,29) Az egyik szemléletes példa, ahogyan védelmére kel a házasságtörő asszonynak és megakadályozta megkövezését (vö. Jn 8,1-8). A hegyi beszédben arra tanít minket, hogy „Boldogok a szelídek, mert ők öröklik a földet." (Mt 5,5) Krisztus végtelen szelídsége mutatkozik meg a kereszten, ahogy az Atya bocsánatát kéri és imádkozik ellenségeiért (vö. Lk 23,34). Nem ítéli el a bűnösöket és nem szűnik meg a szeretete irántuk.

„Mint pásztor, nyáját úgy legelteti, karjára gyűjti a bárányokat és ölében hordozza, a szoptatósokat szelíden vezeti." (Ézs 40,11)[140]

---

140   Károli G.: Biblia

Nem gondol rosszra

"Atyám! Bocsáss meg nekik, mert nem tudják, mit cselekszenek." *(Lk 23,34)*

Úgy is fogalmazhatnánk, hogy *"...nem rója fel a rosszat"(1 Kor 13,5)*[141] *"Ki vagy te, hogy kárhoztasd más szolgáját?"* *(Róm 14,4)*, írja a Szentírás. Úgy látom, hogy Pál apostol az ellen szól, amikor a korintusiak mesterien alázták meg egymást, szüntelenül felróva a másik hibáit, gyengeségeit. Újra és újra felemlegetik az őket ért sérelmeket, és nem tudnak megbocsájtani *(vö. Róm 13,10)*.[142]

Azt gondolom, hogy a felebaráti szeretet azonban nem ilyen, mert meg kell bocsájtani egymásnak, s ez újból békét és harmóniát hoz a gyülekezetbe. Így egy szeretetteljes keresztény légkör fog uralkodni a testvéri közösségben. A széthúzást, ellenségeskedést felváltja az egység, mert a krisztusi szeretet egyesít és békét hoz. Ennek a szeretetnek a példája az irgalmas Atya, aki még a tékozló fiában is hisz, és számára irgalmas szeretetét felkínálja. Minden visszafordulás Isten nyitott karjaira talál, mert a szeretet a bűnöst is szereti. Szeretete annyira határtalan, hogy még a bűn megvallására sem hagy időt, rögtön ünneplő ruhával és gyűrűvel ajándékozza meg. Elmerül a hazatérés örömében, sőt még a sértődött testvérével is összebékíti a tékozló fiút *(vö. Lk 15,11-32)*.[143]

Véleményem szerint Jézus is így tesz, és erre számtalan példát találunk. *"Én se ítéllek el. Menj, és többé már ne vétkezzél!"* *(Jn 8,11)* Tehát itt nincs szó ítéletről és kínos kihallgatásról, a gonosz kontója egyszerűen nem számíttatik be. Az Úr Jézus egyszerűen meg sem jegyzi a gonoszságot, inkább ajándékoz irgalmat és végtelen bocsánatot.[144] Az Úr még azt is mondta

---

141   *Biblia: A protestáns új fordítás szerint*

142   Vö. CSERHÁTI S.: *Pál apostolnak a korinthusiakhoz írt első levele, 607.*

143   Vö. LEGLER, E.: *Das Hohe Lied der Liebe, 25-26.*

144   Vö. LEGLER, E.: *Das Hohe Lied der Liebe, 26.*

a vádlóknak, hogy *"Aki közületek bűn nélkül van, az vessen rá először követ."* *(Jn 8,7)* Jézus tudta, hogy a bűntudat a porba taszítja az embert. *"Mert elismerem gonoszságomat, és bűnöm előttem van szüntelen."* *(Zsolt 51,5)* A bűnhődést nem sújtotta megszégyenítéssel, a bűnöst nem alázta meg, hanem Krisztus feltétel nélkül mindig megbocsájtott. *"Hogy pedig lássátok, hogy az Emberfiának hatalma van a földön a bűnöket megbocsátani."* *(Mt 9,6)*

Jézus a szenvedések közepette is megbocsátott. *"Íme, felmegyünk Jeruzsálembe, és az Emberfiát átfogják adni a főpapoknak és az írástudóknak. Halálra ítélik őt, és átadják a pogányoknak, hogy kicsúfolják, megostorozzák és keresztre feszítsék, de harmadnapon föltámad."* *(Mt 20,18)* Azonban a kereszten is megbocsájtott. *"Atyám! Bocsáss meg nekik, mert nem tudják, mit cselekszenek."* *(Lk 23,34)* Tehát végig csak szeretett. Bűneink bocsánata és váltsága is Krisztusban van. Mikor Krisztus meghalt a kereszten, tökéletesen elvégezte a megváltásunkat, bűneinket eltörölte. Hozzá hasonlóan nekünk is gyakorolni kell magunkat a kiengesztelődésben.[145] *"Viseljétek el egymást, és bocsássatok meg egymásnak, ha valakinek panasza van a másik ellen! Ahogy az Úr megbocsátott nektek, úgy tegyetek ti is! (Kol 3,13)*

Nem örül a gonoszságnak

"Szeressétek ellenségeiteket!" *(Lk 6,27)*

Hamis vigaszt nyújt a mások kudarca.[146] Jób szomorúan fogalmazza meg ezt a viselkedést, és tart önvizsgálatot. Róla Isten állítja, hogy igaz ember. *"Örültem-e annak romlásán, aki gyűlölt engem és ujjongtam-e, ha baleset érte? Hisz nem engedtem, hogy torkom vétkezzék, hogy átokkal kihívjam halálát."* *(Jób 31,29-30)*

---

145   Vö. ABELN, R.: Légy jó ember!, 25.

146   Vö. MONFORT, F.: A szeretet hite, 26.

Fogalmazhatunk úgy is, hogy a szeretet nem kárörvendő.[147] A szeretet nem örül a jogtalanságnak, sújtsa az akár a barátot, akár az ellenséget.[148] „Az Úr Jézus az Atya tökéletességét az ellenségszeretetben látja. Isten nem tud gyűlölni. Mi pedig az Ő természetében részesülünk."[149] Azt gondolom, hogy az emberiség gonoszságára, bukására az Isten nem örömmel, nem haraggal, hanem szeretettel válaszolt. Az Atya legnagyobb szeretete abban nyilvánult meg az emberiség felé, hogy egyszülött Fiát adta váltságul a bűnös emberekért *(vö. Jn 3,16, vagy 1 Ján 4,9)*. Az Atya számára a legdrágább Jézus: *„Te vagy az én szeretett fiam, benned kedvem telik." (Mk 1,11)* Jézus ellenségszeretetéről azt írja Pál, hogy *„Krisztus ugyanis akkor, amikor még erőtlenek voltunk, a meghatározott időben meghalt a gonoszokért." (Róm 4,6)* Azokért is, akik Őt megostorozták és a keresztre szegezték *(vö. Róm 5,1-10)*.

Jézus az ellenség szeretetére tanít minket, talán ezt a legnehezebb megcselekedni. Javát akarni annak, aki a káromat akarja. Az ellenség szeretete azt jelenti, hogy nem felelhetek gyűlölettel, nem lehetek hozzá hasonló.[150] *„...ha ellenséged éhezik, adj neki enni, ha szomjazik, adj neki inni! Mert ha ezt teszed, eleven parazsat gyűjtesz a fejére." (Róm 12,20)* Marcel atya így tanít erről.

> „Ha azt mondanák neked: halj meg testvéreidért, talán éppen azokért, akik látszólag ártottak neked, akik elgáncsoltak, akik megkisebbítettek,»befeketítettek«, akik ellenségeid, akik annyi szenvedést zúdítottak rád, akik mérhetetlen sok keserűséget okoztak szívednek – vallanád-e értük a rövid vagy a hosszú vértanúságot, a halált értük?! – Igen? …Ha igen, akkor Tiéd az Örökkévalóság, tiéd az Isten, mert szeretetben vagy."[151]

---

147   Vö. Barsi B.: Örökké megmarad, 39.

148   Vö. CSERHÁTI S.: Pál apostolnak a korinthusiakhoz írt első levele, 608.

149   BARSI B.

150   Vö. Barsi B.: Örökké megmarad, 49.

151   MARON M.: Kolostori iskola a Kármelen, 234-235.

Szent Benedek úgy tanít erről, hogy a „rosszat rosszal ne viszonozd."[152] *„Szeressétek ellenségeiteket, és imádkozzatok üldözőitekért."* *(Mt 5,44)* Isten irgalmas lesz hozzá, én pedig a jóakarója leszek.

A gonosz tetteket viszont gyűlölnöm kell, el kell utasítanom azokat a cselekedeteket, melyek elválasztanak Istentől. Amit Isten rossznak ítél, attól el kell határolódnom, ahogy szent Pál írja, Krisztus által győzedelmeskednünk kell felette. Ezért semmi nem szakíthat el Isten szeretetétől *(vö. Róm 8,31-39).*

Együtt örül az igazsággal
„Örüljetek az örvendezőkkel, és sírjatok a sírókkal!"
(Róm 12,15)

„Együtt örül" és nem csupán „örül" áll. A συνχαίρει ige azt hangsúlyozza, hogy a szeretet együtt örül az igazsággal. A közös öröm egyébként is fontos fogalom Pálnál *(vö. 1 Kor 12,26).*[153] A korintusiak azonban lealacsonyítják egymást, nem tudják megcsodálni, elismeri a másikat, legfőképpen nem tudnak örülni más örömének.[154]

A szeretetnek jó, ha az embertársainak jól alakul az élete.[155] A szeretet együtt örül az örvendezőkkel. Arra vágyakozik, hogy a másik kitartását és növekedését lássa. Elszomorodik mások kudarcán és elbukásán.[156] Sőt örül azok örömének is, akik végre elnyerték, ami őket joggal megilleti.[157] Az evangéliumban számtalan ilyen példát találunk. Amikor az elveszett drachma megkerül, vagy a tékozló fiú hazatér és az Atya nagy örömében ünnepséget rendez. Vele együtt örülnek az angyalok is és az Egyház is. Az Úr Jézus is

---

152 SZENT BENEDEK: *Benedek regulája, 4,30.*

153 Vö. MICHAELSEN, H. F.: *Szeretet nélkül semmi vagyok, 102.*

154 Vö. *Barsi B.: Örökké megmarad, 40.*

155 Vö. BARELAY, W.: *Az első korintusi levél, 11.*

156 Vö. PRIOR, D.: *Pál első levele a korinthusiakhoz, 251.*

157 Vö. CSERHÁTI S.: *Pál apostolnak a korinthusiakhoz írt első levele, 608.*

osztozik embertársai örömében például a kánai menyegzőn is.[158] *"Szereted az igazságot, gyűlölöd a gonoszságot, azért kent fel téged Isten, a te Istened, az öröm olajával, társaid felett."* *(Zsolt 45,8)*

Szent Terézia úgy tanít erről, hogy „Fontos, hogy örülni tudjunk olyankor, amidőn előttünk nővéreink erényét magasztalják."[159]

A négyszeres *„mindent"-ből (1 Kor 13,7)* kiderül, hogy a szeretet nem emberi tulajdonság, hanem Istentől származik.[160]

Mindent eltűr
„Az Úr, hosszan tűrő és nagyirgalmú." *(Zsolt 103,8)*

A görög στέγει szó jelentése: „kellemetlen körülmények között is kitart,"[161] kizár, kirekeszt (átv.), lemond valamiről, elvisel, kibír. Ha azonban a következő kijelentésekre figyelünk, akkor a tető befedő, oltalmazó szerepének képe is felmerül.[162]

Ezt a kifejezést értelmezhetjük úgy is, ahogy Szent Benedek fogalmazza meg: „Igazságtalanságot ne tégy, ha pedig veled szemben követték el, békén tűrd."[163] A szeretet elviseli a megrázkódtatást, tovább küzd minden megpróbáltatás ellenére.[164] A Bibliában a tűrés mintaképe lehetne Jób. *„Hallottatok Jób béketűréséről, és láttátok a végét, melyet az Úr adott, mert irgalmas az Úr, és könyörületes."* *(Jak 5,11)* Jelenti azt is,

---

158 Vö. *Barsi B.: Örökké megmarad,40.*

159 Szent Terézia: *A belső várkastély, 112.*

160 Vö. Prior, D.: *Pál első levele a korinthusiakhoz, 252.*

161 Walvoord, J. F.: *A Biblia ismerete, 272.*

162 Vö. Cserháti S.: *Pál apostolnak a korinthusiakhoz írt első levele, 596.*

163 Szent Benedek: *Benedek regulája, 4,30.*

164 Vö. Gál F.: *Pál apostol levelei, 130.*

hogy ha valakit szeretek, a hibáit nem adom ki, nem hozom nyilvánosságra, úgy hordozom Őt, ahogy Jézus hordozta a mi vétkeinket. *„A mi Urunk, aki bűneinkért átadatott, és megigazulásunkért feltámadt."* *(Róm 4,25)* Arra kaptunk meghívást, hogy úgy szeressünk, mint az Isten. *„Krisztus meghalt a bűneinkért."* *(1 Kor 15,3)* Az Ő szeretete megtart és mindent elvisel. Jézus azt akarja, hogy úgy imádjuk Őt, hogy példáját kövessük.[165] *„Aki nekem szolgál, kövessen engem."* *(Jn 12,26)* Isten úgy viszonyul a vétkeinkhez, hogy nem leplezi le azokat. Nem aláz meg, megszabadít, és felemel Magához. *„...aki szeretett minket és megmosott bennünket bűneinktől a saját vére által, és Istennek és Atyjának királyságává és papjává tett minket."* *(Jel 1,5-6)*

Nagy tapintat az Úr részéről, hogy Péter háromszori tagadását nem teregeti ki, hanem háromszor megkérdezi:[166] *„Simon, János fia, szeretsz-e engem?"* *(Jn 21,17)*

Mindent elhisz
„...hitben járunk és nem szemlélésben." *(2 Kor 5,7)*

Nem a hegyeket mozgató hitről van itt szó, hanem a bizalomteljes odafordulásról a felebaráthoz, mert csak így értelmezhető az összekapcsolódása az ἀγάπη-val, mely ugyanazt az odafordulást jelenti az önmagunkra koncentráló cselekvés helyett.[167]

Véleményem szerint nem hiszékenységről van szó, és nem is a szeretet „együgyű dolgáról",[168] ahogy Luther mondja. A Biblia ugyanis azt írja, hogy *„Az együgyű minden beszédnek hitelt ad."* *(Péld 14,15)* Isten bölccsé tesz minket és megtanít minket az Ő útjaira. Inkább jóhiszeműségről beszél

165   Vö. KELLY, M.: Meghívás az örömre, 72.

166   Vö. Barsi B.: Örökké megmarad, 40.

167   Vö. MICHAELSEN, H. F.: Szeretet nélkül semmi vagyok, 104-105.

168   Vö. MICHAELSEN, H. F.: Szeretet nélkül semmi vagyok, 104-105.

Pál,[169] tehát hogy a másikról a jót feltételezem. A szeretet nem gyanakvó. Azt is jelenti, hogy bízunk a másikban, amíg okot nem ad az ellenkezőjére.[170] A „hittel" ellentétes fogalom itt a bizalmatlanság, amely a másikról mindig rosszat feltételez, amely megakadályozza a sikeres együttélés lehetőségét.[171] Aki eleve gyanúsít, előítéletekkel él, az elfojtja a jó csíráit a másikban. A szeretet mindenkinek szüntelen lehetőséget ad arra, hogy javuljon.[172] A szerető ember mindent hisz, még az elérhetetlent is. Mindig többet feltételez a másikról, rendíthetetlenül hisz a másik emberben lévő jóban akkor is, ha egyszer már csalódott. Nem könnyen veszíti el optimizmusát, a szeretet soha nem adja fel, úgy gondolkodik, hogy egyszer biztos eljön a változás.[173] Azt gondolom, hogy például hisz abban, hogy egy bűnös ember is megváltozhat, mert ezt írja a Biblia: *„Isten képes ezekből a kövekből is fiakat támasztani Ábrahámnak."* (Lk 3,8)

Jézus hite mutatkozik meg Péterrel kapcsolatban.[174] *„Én pedig mondom neked: Te Péter vagy, és én erre a kősziklára fogom építeni egyházamat, s az alvilág kapui nem vesznek erőt rajta."* (Mt 16,18) Jézus hite megteremti Péter apostolt. Jézus azért szolgált így, mert hitt a gyenge megerősödésében. *„A megroppant nádszálat nem töri össze, és a kialvó mécsbelet nem oltja el."* (Iz 42,2)[175]

---

169   Vö. CSERHÁTI S.: Pál apostolnak a korinthusiakhoz írt első levele, 608.

170   Vö. KOING,G.: Az 1. és 2. korintusi levél magyarázata, 157.

171   Vö. MICHAELESEN, H. F.: Szeretet nélkül semmi vagyok, 105.

172   Vö. Barsi B.: Örökké megmarad, 40.

173   Vö. LEGLER, E.: Das Hohe Lied der Liebe, 29.

174   Vö. HARMAI G.

175   Vö. SARKADI N. P.: A szeretet himnusza, 34.

Mindent remél

„ ...a remény pedig nem engedi, hogy megszégyenüljünk. "

(Róm 5,5)

„A reménység nem más, mint a hit állhatatossága."[176] – mondja Kálvin. Ez igaz Isten felé és az embertársak felé is. Aki Istenben hisz és remél, annak megvan az alapja, hogy higgyen és bízzon embertársában is.[177] A keresztény reménység lényege, hogy amire vár, még nem látható. *„Ha látjuk azt, amit remélünk, az nem reménység, hisz ki remélné azt, amit lát? Ha pedig azt reméljük, amit nem látunk, akkor várjuk is türelemmel."* *(Róm 8,24-25)* Ugyanez igaz az embertársak felé is. Bizakodva tekint a másikra, minden jelenlegi és múltbeli tapasztalat ellenére sem szűnik meg a jót várni. Nyitva hagyja előtte a jövőt. A szeretet számára nincs reménytelen eset.[178] A rossz tapasztalatok ellenére is a legvégsőkig bízik, azaz a reménnyel nem hagy fel soha.[179] Pál ezzel arra tanít, hogy a keresztényeknek a reménységet meg kell őrizniük. Az apostol szemére veti a korintusikanak, hogy úgy gondolják, mindenük megvan *(vö. 1 Kor 4,8)*, már nem kell a megígért jövőből erőt meríteniük a jelenvaló léthez.[180]

Jézusnál a reménység úgy jut kifejezésre, hogy példabeszédében az Isten országát a mustármaghoz hasonlítja *(vö. Mk 4,30):* a mag belehullik a földbe, ilyenkor még láthatatlan, de naggyá lesz.

---

176   Kálvin J.: *Az első korintusi levél magyarázata, 300.*

177   *Vö. Barsi B.: Örökké megmarad, 40-41.*

178   *Vö. Michaelsen, F. H.: Szeretet nélkül semmi vagyok, 105-106.*

179   *Vö. Cserháti S.: Pál apostolnak a korinthusiakhoz írt első levele, 609.*

180   *Vö. Michaelsen, F. H.: Szeretet nélkül semmi vagyok, 106.*

Mindent elvisel

„ Viseljétek el egymást szeretettel." (Ef 4,2)

Az eredeti görögben ὑπομένει szó áll. Aki erős a szeretetben úgy viselkedik, mint Jézus. Ha már nincs más út, akkor hordozza a másik gyöngeségét. *„ Hordozzátok egymás terhét."(Gal 6,2)* Sokszor ez a szeretet maximuma. A másikat mindenestől el kell fogadni, fel kell vállalni a hibáival együtt. Ez sokszor együtt jár a kereszthordozással is.[181] Az emberek egymásnak terhet jelentenek, mert senki sem hibátlan: *„ mindnyájan vétkeztek" (Róm 3,23).* A szeretet azonban elviseli a másik gyengeségeit, sőt az ellenségeit is.[182] Elviseli a kapcsolatok egyoldalúságát is.[183] *„ Szeressétek ellenségeiteket, és imádkozzatok üldözőitekért."* (Mt 5,44) A Szentírásban máshol is megtaláljuk ezeket a gondolatokat. *„ Ne tartozzatok senkinek semmivel, csak azzal, hogy egymást szeretitek, mert aki embertársát szereti, teljesítette a törvényt." (Róm 13,8)*

Jézus szeretete elnéző, megtart és mindent elvisel. Krisztus Urunk példájára minden ideig tartó nyomorúságot jó kedvvel kell viselni. A mi üdvösségünkért lejött az égből, magára vállalta emberi létünk minden nyomorúságát. Szeretetből, hogy türelmet tanuljunk, és a bajokat méltatlankodás nélkül elviseljük. Jézust születésétől a keresztig elkísérte a szenvedés. Evilági javakban nélkülözött. Gyakran panaszt emeltek ellene, a szégyent és a gyalázatot békével tűrte. A jótéteményeket hálátlansággal, a csodatetteket káromlással, tanítását feddéssel viszonozták *(vö. Iz 53,1-12)*, végül a keresztre szegezték.[184] *„ Átlyuggatták kezemet és lábamat, megszámlálhattam minden csontomat. Néznek rám, bámulnak engem, elosztották maguk között ruháimat, és köntösömre sorsot vetettek." (Zsolt 22,17-19)*

Az Úr a türelem útján járt. Ezzel teljesítette az Atya akaratát. Az Ő élete a mi utunk, és a szent türelemben vele forrunk össze, aki a mi koronánk.[185]

---

181   Vö. Barsi B.: Örökké megmarad, 42.

182   Vö. Legler, E.: Das Hohe Lied der Liebe, 28.

183   Vö. Cserháti S.: Pál apostolnak a korinthusiakhoz írt első levele, 609.

184   Vö. Kempis T.: Krisztus követése, 3.18.

185   Vö. Kempis T.: Krisztus követése, 3.19.

5.fejezet

Örökké megmarad

„A szeretet soha meg nem szűnik. A prófétálások véget érnek, a nyelvek megszűnnek, a tudomány elenyészik. Mert töredékes a megismerésünk, és töredékes a prófétálásunk, amikor pedig eljön majd a tökéletes, a töredékes véget fog érni. Amikor gyermek voltam, úgy beszéltem, mint a gyermek, úgy éreztem, mint a gyermek, úgy gondolkoztam, mint a gyermek: amikor pedig férfivá lettem, felhagytam azokkal a dolgokkal, amelyek gyermekhez valók. Most ugyanis tükör által, homályban látunk, akkor pedig majd színről színre. Most töredékes az ismeretem, akkor pedig úgy fogok ismerni, mint ahogy én is ismert vagyok.

Most azért megmarad a hit, a remény, a szeretet, ez a három: de ezek közül legnagyobb a szeretet.”
(1 Kor 13,8-13)

A Szeretethimnusz csúcspontjához értünk.[186] A perikópa célja, hogy lerombolja a korintusiak helytelen értékrendjét, és meggyőzze Őket arról, hogy legfontosabb a szeretet. Jézus is erre tanított: hogy éljünk szeretetben, ahogy Ő tette. Burkoltan benne volt az első strófában is, mégpedig Szent Pál azon megállapításában, hogy szeretet nélkül semminek sincs haszna.[187] Főleg egy keresztény közösségben, ahol mindent a szeretetnek kell áthatnia. *„Aki nem szeret, nem ismeri Istent, mert Isten a szeretet." (1 Jn 4,8) „A szeretet soha meg nem szűnik." (1 Kor 13,8)* – szól a bevezető mondat. Ebben a részben hangsúlyozza, hogy a rossz elmúlik, csak a szeretet örök, mely a mindenségben is megmarad. A hitet felváltja a színelátás, a reményt a beteljesülés, a szeretet azonban változatlan marad. Ha szeretjük az Istent és az embertársainkat, az az örökkévalóság.[188]

A szeretet soha meg nem szűnik

„ …megismerhessétek Krisztus szeretetét is, amely minden ismeretet meghalad, s beteljetek Isten egész teljességével."
(Ef 3,19)

A görög πίπτει szónak sokféle jelentése ismert: nem omlik össze, nem bukik el,[189] nem veszti érvényét. Ez a szeretet a legerősebb, legkitartóbb nyomásra sem szűnik meg. Ez a szeretet a halálon túl, az örökkévalóságban is folytatódik, ez Isten szeretete.[190] Pál itt a ἀγάπη[191] szót használja a szeretetre. Korábban nem használták széles körben a görög nyelvben, a

---

186   *Vö. Barsi B.: Örökké megmarad, 45-46.*
187   *Vö. Barsi B.: Örökké megmarad, 45.*
188   *Vö. Barsi B.: Örökké megmarad, 45.*
189   *Vö. Cserháti S.: Pál apostolnak a korinthusiakhoz írt első levele, 609.*
190   *Vö. Prior, D.: Pál első levele a korinthusiakhoz, 253.*
191   *Vö. Gyökössy E.: Bandi bácsi a Szeretetről, 88.*

Oldal 70

Názáreti Jézusban megjelent isteni szeretet új szót igényelt. Isten szeretetére utal, mely az örökkévalóságig folytatódik. Olyan szeretet, amely a teljesen méltatlanra irányul. Ez a szeretet a szerető fél természetéből fakad. Jézus szerint ennek a szeretetnek kell irányítania a keresztény közösséget. Teljesen pazarlóan árad ki a másik emberre, s nem fontolgatja, hogy ki méltó erre a szeretetre.[192] Pál az örökkévaló szeretet említésével a hozzánk lehajoló Istenről beszél. Jézus kereszthalálában történik meg Istennek az önmaga ellen fordulása, melyben önmagát ajándékozza oda, hogy az embert újra fölemelje és megmentse. Ez a szeretet legradikálisabb formája.[193] Az ἀγάπη-ról mondja János: „ὁ θεὸςἀγάπη ἐστίν – Isten a szeretet" (1 Ján 4,8). Az isteni szeretet kisugárzásáról Aquinói Szent Tamás a következőket írja:

> „A Szeretet maga mindennek az oka. Jóságának túláradásában mindent szeret. Mindent ő tesz. Mindent magában foglal. Teljességére vezet és megfordít mindent. Ez, ez az isteni Erosz jó, maga a jóság, a kisugárzó Jóság, mely magáért a Jóságért van. A létezők jóságos Szeretete, amely önmagában végtelenül létezik a Jóban, nem akarta, hogy a Jó terméketlen maradjon, ezért arra indította, hogy erénye hatékony végtelenségének megfelelően működjék."[194]

Ez Istennek a lényege és mindennek a közepe. Egyszer elmúlik minden, de mi az újjáteremtő Mindenségben élni fogunk, mert a szeretet soha el nem fogy[195] „Ha szeretjük egymást, Isten bennünk marad, és szeretete tökéletes bennünk." (1 Jn 4,13)

Kis Szent Teréz önéletrajzából tudjuk, hogy a szeretethimnusz olvasásakor ennél a fejezetnél túláradó örömmel felkiált: „...végre megtaláltam a hivatásomat... Az én hivatásom a szeretet!..."[196] Isten is ezt

---

192   Vö. Prior, D.: Pál első levele a korintthusiakhoz, 253.

193   Vö. XVI. Benedek pápa: Deus caritas est, Az Isten szeretet kezdetű enciklikája, 18-19.

194   Aquinói Sz. T.: Kommentár, De divinis nominibus expositio, c .4. 9. lecke

195   Vö. Gyökössy E.: Bandi bácsi a Szeretetről, 88-89.

196   Bakos R.: Isten szívének visszhangja, 27.

sugallja nekünk. „*Az a parancsunk tőle, hogy aki szereti Istent, szeresse a testvérét is.*" *(1 Jn 4,21)*

Pál apostol hasonlatokkal érzékelteti, és szembeállítja a jelent az örökkévalósággal, a rész szerint valót a teljességgel.[197] Ez a kettősség vonul végig a himnusz folytatásán, ezzel hangsúlyozza és fokozza a mondanivalót.

Úgy ismertem, mint gyermek

„*Vagy nem hallottad? Örökkévaló Isten az Úr, aki a föld határait teremtette, Nem fárad el, és nem lankad el, bölcsessége kifürkészhetetlen.*"

(Iz 40,28)

Azzal az értelmezési iránnyal értek egyet, amely azt mondja, hogy itt Pál arra utal, hogy a jelen töredékes kort felváltja a tökéletes.[198] Azt gondolom, hogy Pál a következő igét ismétli tartalmilag: „*töredékes az ismeretem*" *(1 Kor 13,12).* Ugyanezt fejezi ki a„*gyermek*" és a „*tükör*" hasonlattal is. Szent Pál ezzel azt érzékelteti, hogy a földi tudásunk rész szerint való. Ismereteink hiányosak, mert Istent nem színről színre látjuk, ezért csak gyermeki sejtéseink lehetnek az örökkévaló dolgokról. „*Ami rejtve van, az az Úrnak, a mi Istenünknek a dolga: ami nyilvánvaló az a miénk s a mi fiainké mindörökké.*" *(MTörv 29,29)* A Szentlélek ajándékai, a karizmák is töredékesek az örökkévalósághoz képest. Az igehirdetésünk is a mindenségben csak gyermeki dadogás az eljövendőről. A karizmák ahhoz a világhoz tartoznak, melyek a végtelenhez képest mintegy kiskorúak és éretlenek.[199] Azt gondolom, Pál apostol gyerekes dolgoknak nevezi a karizmákat. A szeretet azonban felnőtt dolog, benne rejlik Krisztus méreteinek teljessége.[200] A „*felnőtt kornak*" fordított ἡλικίας *az (Ef 4,13)*-ban ugyanaz,

---

197   Vö. Barsi B.: Örökké megmarad, 46.

198   Vö. WALWOORD, I. E.: A Biblia ismerete, 275.

199   Vö. Barsi B.: Örökké megmarad, 46.

200   Vö. Barsi B.: Örökké megmarad, 46.

amit az *(1 Kor 13,10)*-ben „*tökéletesség*, vagy „*teljesség*"-nek τέλειον fordítanak. Az Efezusi levélben a felnőtt kor meghatározása a „*Krisztus teljességét elérő nagykorúság*" *(Ef 4,13)*. Ez Krisztus eljövetelekor valósul meg. Ugyanez a szemlélet jut kifejezésre, amikor Pál azt mondja: „*férfivá lettem.*"[201] Véleményem szerint így folytatja, hogy „*felhagytam azokkal a dolgokkal amelyek gyermekhez valók*" *(1 Kor 13,11):* a prófétálással, a nyelvek adományával és a tudomány beszédével, akkor ezek „véget érnek", „*megszűnnek*" és „*elenyészik*". Majd Pál azt mondja, hogy „*Most töredékes az ismeretem, akkor pedig úgy fogok ismerni, mint ahogy én is ismert vagyok.*" *(1 Kor 13,12)* Vagyis eljut a tökéletes ismeretre Krisztus eljövetelekor. Az örökkévaló, a teljesség van összevetve a mulandóval, a rész szerint valóval. Úgy is mondhatjuk, hogy a jelen kor az eljövendővel, vagy a tükörkép az eredetivel. Nem értek egyet azzal az értelmezési iránnyal, hogy fejlődés lenne. Pál ugyanis „*gyermek*" korról és „*felnőtt*" korról beszél. A Biblia is írja, hogy nincs átmenet a két kor között, mert az új kor nagy hirtelenséggel jön el. Jézus ugyanis azt mondja, hogy mint egy „*tolvaj*", úgy érkezik el *(vö. Mt 24,29-44)*.

Pál szerint a szeretet az, ami a túlvilágon is megmarad. Isten a végtelen szeretet, mely számunkra kifürkészhetetlen. „*Örök szeretettel szeretlek téged.*" *(Jer 31,3)*

„...Tükör által..."
„*Az Ige testté lett.*" *(Jn 1,14)*

Azt gondolom, hogy Assisi Szent Ferenc a Naphimnusz című költeményében énekelte meg az Isten jóságát, amelyet a teremtményekben fedezett fel. Pál is azt fogalmazza meg, hogy Istent nem látjuk, de alkotásaiban felfedezhetjük *(vö. Róm 1,20)*. A Biblia ezt a szó általi teremtéssel írja le.

---

201 Vö. WOLWOOR, I. E.: A Biblia ismerete, 275.

„...*mondá Isten" (Ter 1,3)*[202] vagy „*Mert ő szólt és meglett" (Zsolt 33,9)*[203] Valójában ezért mindenben benne van az Isten szeretete, jósága, bölcsessége, természete. A tükörrel Pál apostol a jelen világra utal. Szembeállítja a tükörképet az eredetijével. Ez a tükörkép nem azonos az eredetivel, a színről színre látással. A tükörben megjelenő kép tükörképként megmutatja, hogy milyen az Isten.[204] A hiteles tapasztalat az emberi szeretetről tükörképként megmutatja, hogy milyen az Isten. Ezt a szentek életében fedezhetjük fel legtökéletesebben. Életükre jellemző volt, hogy mindenekfölött szerették Istent, az embereket pedig úgy szerették, ahogy Őket Jézus szerette.[205] Azt gondolom, hogy Jézus legfőbb szeretetparancsát teljesítették. Ráhagyatkoztak Istenre és igéjére, valahogy úgy, mint Noé tette az Ószövetségben, aki „*Istennel járt" (Ter 6,9).* Pál azt írja a filippieknek: „*Ugyanazt az érzést ápoljátok magatokban, amely Krisztus Jézusban is megvolt." (Fil 2,5)* Jézus azt mondja, hogy „...*a szeretet, amellyel engem szerettél, bennük legyen, és én őbennük." (Jn 17,26)* Ha ez a krisztusi szeretet megvalósul a keresztény közösségben, akkor felebarátunkban is felfedezzük Krisztus arcát. Szent Benedek regulájában ezt olvassuk:

> „Az apát, aki méltó arra, hogy a monostor élén álljon, mindig tartsa emlékezetében, hogy minek nevezik, és az elöljáró nevének tettekkel feleljen meg. Hisszük ugyanis, hogy Krisztus helyettese a monostorban, mivel az ő egyik nevével szólítjuk meg az Apostol szavai szerint: megkaptátok a gyermekké fogadás lelkét, amelyben azt kiáltjuk: Abba, Atyánk!"[206] *(Gal 4,6)*

---

202 KÁROLI G.: *Szent Biblia*

203 *Károli G.: Szent Biblia*

204 Vö. MICHAELSEN, H. F.: *Szeretet nélkül semmi vagyok, 133.*

205 Vö. BARSI B.: *Az életszentség titka, 172.*

206 SZENT BENEDEK: *Benedek regulája, 2,1-10.*

Számomra a krisztusi szeretet megtestesítője volt Kelemen Krizosztom pannonhalmi főapát rokonom tanítása és élete,[207] aki élete kockáztatásával bújtatta a zsidókat a II. világháború alatt Pannonhalmán. Sok menekült és elesett ember talált az apátság falai között oltalmat, ezért Szálasi ki is adatta az elfogatási parancsot. Mint tudjuk, ezért az akkori törvények értelmében halál járt. A csodával határos módon maradt életben. Később a kommunisták is üldözték. Az életét is kész volt feláldozni embertársaiért, mert mindenért személy szerint vállalta a felelősséget.[208] A Bibliában erre a cselekedetre ezt mondja Jézus: *„Nagyobb szeretete senkinek nincs annál, mintha valaki életét adja barátaiért"*. *(Jn 15,13)* Végtelenül kedves személyében, békés, jámbor, krisztusi lelkületében megláthatjuk Krisztus szeretetét. Erről beszél Pál apostol a tükör hasonlat kapcsán. Valójában Jézus is mindenben az Atya akaratát cselekedte. Életével, tanításaival mintegy tükörképként megmutatta, hogy milyen az Isten. *„...aki engem látott, látta az Atyát."* *(Jn 14,9)* Ezzel példát hagyott a keresztények számára.

Isten nem teszi lehetővé, hogy Őt színről színre láthassuk. Ez a jövő ígérete marad.[209] *„Ám arcomat nem láthatod, mert nem láthat engem ember úgy, hogy életben maradjon."* *(Kiv 33,20)*

---

207 HERCEG F.: *A főapát Pesti Hírlap, 1944 január. „A főapát egyike a legszerényebb, legmélyebb lelkű és legszeretetreméltóbb embereknek, akik Assisi Szent Ferenc óta a földön jártak. Ő az a férfi, akit mindenki szeret: ő az a pap, akiben a másvallásúak is Isten igazi szolgáját tisztelik. Krisztus törvényéből leginkább a szeretet parancsát tanulta meg és ez valami igen szép, szelíd derűvel arányozza meg az ő istenhitét."*

208 Vö. *Kelemen K.: Kelemen Krizosztom levele Mindszenti Józsefnek, (1295/1945.)*

209 Vö. MICHAELSEN, H. F.: *Szeretet nélkül semmi vagyok, 132.*

A töredékes eltöröltetik

"Bizony megtelik majd a föld az Úr dicsőségnek ismeretével, mint ahogy a vizek elborítják a tengert." (Hab 2,14)

Kulcsszavunkat, az „ismeret" kifejezést itt egy újabb tartalommal kell bővítenünk. Az ennek hátterében meghúzódó héber szónak (jádá) ugyanis van egy olyan jelentése, amely a görög ginószkóban nem jelenik meg. Pál szóválasztásában azonban, aki mindkét nyelvben otthonosan mozgott, itt különösen világosan előttünk áll. A „felfog", „észrevesz", „érzékel" és „(fel)ismer" mellett ugyanis kifejez egy ennél bensőségesebb tartalmat is: valakit szeretettel „el," vagy „megismerni."[210]

Ha ezt a részt meg akarjuk érteni, akkor talán tegyünk a szeretet és az ismeret közé egyenlőségjelet. Itt csak az ἀγάπη-ról, az Istentől származó szeretetről van szó.[211] A szeretet és az ismeret az ókori ember gondolkodásában mást jelentett, mint manapság. Jézus korában a szeretet és az ismeret összeforrt. Pál apostol így gondolkodik, és ebben az értelemben használja a szót, vagyis a szeretet és az ismeret szinonimák. Akkor ismerhetünk meg igazán valakit, ha szeretjük. *„Szeretteim! Szeressük egymást, mert a szeretet Istentől van. Mindaz, aki szeret, Istentől született, és ismeri Istent." (1 Jn 4,7)* Addig terjed az ismeretünk, ameddig a szeretetünk. Ez bármely téren igaz.[212] Az igék aktív és passzív alakjának szembeállítása fontos teológiai meggyőződésként jelenik meg Pálnál. Abból a visszatérő alapigazságból táplálkozik, hogy Isten cselekvése megelőzi az emberét *(vö. Gal 4,9, vagy 1 Kor 8,2).*[213] Önmagunk tökéletes megismerése is csak akkor következik be, amikor meglátjuk Jézust. Olyan teljes és hiánytalan ismeretünk lesz róla, ahogy Ő most ismer minket. Kegyelemből sokféle karizmát kapunk, mindezek az ajándékok az Isten természetébe és szándékaiba való betekintés

---

210 MICHAELSEN, H. F.: *Szeretet nélkül semmi vagyok, 136.*

211 Vö. GYÖKÖSSY E.: *Homos christianus, 37.*

212 Vö. GYÖKÖSSY E.: *Homos christianus, 37-43.*

213 Vö. MICHAELSEN, H. F.: *Szeretet nélkül semmi vagyok, 137-138.*

eszközei. Istennel való kapcsolatunknak jelenleg az a motorja, hogy Ő ismer minket és nem fordítva. Egy napon azonban mi is ismerni fogjuk Őt.[214] Szent Ágoston is ezt a gondolatot fogalmazza meg. „Csak Isten ismeri egészen az emberi lelket." Az Úr világosságából tudunk, amit tudunk. Teljes ismeretünk akkor lesz, amikor Istent színről színre látjuk.[215] Isten mindentudó, mert az abszolút tudás, vagyis az abszolút szeretet. Az abszolút jézusi szeretet is egyenlő az abszolút jézusi tudással. Isten azért szeret, mert ismer, és azért ismer, mert szeret. „Igazságos Isten, a szívek és vesék vizsgálója!" (Zsolt 7,10) Azt gondolom, hogy Isten az embert teljességében ismeri. Jób könyvében találunk egy leírást, hogy Isten formálta Őt. Már az anyja méhében is ismerte, és minden tettéről tudott. „Nem látja-e ő útjaimat és nem számlálja-e minden lépésemet?" (Jób 31,4) Azaz Isten mindent tud. Én viszont rész szerint ismerem Istent, akkor pedig úgy, ahogy engem ismer az Isten. Szeretet által, mert csak az marad meg az öröklétben.[216]

Istent színről színre fogjuk látni és a maga teljességében ismerni. „Íme, Isten hajléka az emberek között! Velük fog lakni, s ők az ő népe lesznek. Maga a velük lévő Isten lesz az ő Istenük." (Jel 21,3)

Hit, remény, szeretet
„Szeretet az Isten: aki a szeretetben marad, Istenben marad, és Isten őbenne." (1 Ján 4,16)

Itt a végén összegzi Pál: „és megmarad a hit, a remény". Itt arra utal, hogy a földön megmarad a hit és a remény. Azonban nem örökre, mert a hit egyszer látássá válik, a reménység pedig valósággá.[217] Egy másik vélemény is alátámasztja ezt a feltevést a következőképpen. A hit révén intéződik el

---

214   Vö. Prior, D.: Pál első levele a korinthusiakhoz, 250.

215   Vö. Szent Ágoston: Vallomások, X. V. 252.

216   Vö. Gyökössy E.: Homo christianus, 37-43.

217   Vö. Gyökössy E.: Homo christianus, 37.

életünk Krisztusban a múltra nézve. A reménység tárja fel előttünk a jövőt, a hitből kisarjadva. A látás világában meg kell szűnnie a hitnek, hiszen nincs rá szükség. A megérkezés pillanatában a reménység is véget ér, hiszen amit birtokolunk, azt már nem kell remélnünk.[218] Itt szeretném kizárni azt az értelmezési irányt, hogy a hit és a remény örökre megmarad. Szent Pál ezt írja: „A hit pedig ...bizonyítéka annak, amit nem látunk." (Zsid 11,1) Tehát a hit mindig a láthatatlanra irányul. Más helyen ezt olvassuk: „...mert hitben járunk, és nem szemlélésben" (2 Kor 5,7). A reményről is hasonlóan beszél. „Ha látjuk azt, amit remélünk, az nem reménység: hisz ki remélné azt, amit lát?" (Róm 8,24) Ebből az következik, hogy ha színről színre látunk, akkor a láthatatlan láthatóvá lesz, az ígéretet pedig felváltja a beteljesülés. Tehát a hit és a remény elmúlik egyszer, mert amit látunk, abban már nem kell hinni, se reménykedni. Azonban örökre megmarad a szeretet. Örökre megmarad, mert Isten nem hit, Isten nem reménység: Isten a szeretet.[219] Isten lényege is a szeretet, amely Jézus tanítását és cselekedeteit végigkísérte.

Az Újszövetségben a szövetséget a második Isteni Személy, a Fiú kötötte. Magára vette az emberi természetet, megmutatta az Isten szeretetét és megváltotta az emberiséget a bűneitől. Ez a vérrel írt szövetség teljesnek és végérvényesnek tekinthető. Az emberek felé is beteljesítette a szeretetet azáltal, hogy szeretetét mércéül állította az emberek elé. Ez motiváció, indíték és kegyelmi erő arra, hogy embertársainkban Őt lássuk, az Ő szeretetét viszonozzuk.[220] „Kövessétek tehát, mint kedvelt gyermekek, Isten példáját, s éljetek szeretetben, ahogy Krisztus is szeretett minket, és odaadta magát adományként, jó illatú áldozatul Istennek." (Ef 5,1-2)

---

218   Vö. VARGA ZS.: A első korintusi levél magyarázata, 127.

219   Vö. GYÖKÖSSY E.: Homo christianus, 42-43.

220   Vö. BERAN F., A keresztény erkölcs alapjai, 135.

Összegzés

„EZ MINDEN CSELEKEDETÜNK BETELJESEDÉSE, A SZERETET. ITT VAN A CÉLUNK: EMIATT FUTUNK, FELÉJE FUTUNK, HA ODAÉRÜNK HOZZÁ, MEG FOGUNK NYUGODNI."

SZENT ÁGOSTON[221]

„ÉLETED SZERETETÜZENET, MELYET SZENTLELKÉVEL ÍR AZ ISTEN. BÁRCSAK ELJUTNA A CÍMZETTEKHEZ! NE MARADJ BORÍTÉKBA ZÁRT LEVÉL!"

SIMON ANDRÁS[222]

---

221   SZENT ÁGOSTON: *In epistulam Iohannis ad Parthos tractatus, 10, 4, PL 35, 2056-2057.*

222   SIMON A.: *Életed üzenete, 152.*

Pál írásainak gyöngyszeme a szeretethimnusz, melyben alapelvként megfogalmazza, hogy a keresztény közösséget a szeretetnek kell áthatnia. Ez olyan elv, mint a zsidóknak a tízparancsolat. Az Újszövetség törvénye a szeretet, melyet Jézus főparancsként fogalmazott meg. *„Halld, Izrael! A mi Urunk, Istenünk az egyetlen Úr! Szeresd Uradat, Istenedet teljes szívedből, teljes lelkedből, teljes elmédből és minden erődből! A második pedig ez: »Szeresd felebarátodat, mint önmagadat!«”* (Mk 12,29-30) A szeretet a törvény foglalata. Mert aki cselekszi a szeretetet, az betölti a törvényt is. Szent Pál szerint is a *„törvény teljesítése tehát a szeretet”* (Róm 13,10). Ez a mindennél magasztosabb út, a szűk ösvény, mely az örök életre vezet *(vö. 1 Kor 12,31).* Isten szeretete arra sarkall minket, hogy megtanuljunk szeretetben élni. Isten ígérete szerint: *„Új szívet adok nektek, és új lelket adok belétek: elveszem testetekből a kőszívet, és hússzívet adok nektek.”* (Ez 36,26)

Aquinói Szent Tamás szerint az első korintusi levél a hét szentségről szól.[223] A *(vö. 1 Kor 12-14)* részben találjuk a Szentlélek ajándékainak és gyümölcsének a leírását. E három perikópa ezért a bérmálás szentségének felel meg. A levél címzettje a korintusi gyülekezet, ahol tévtanítók miatt pártokra szakadt a közösség, de szól mindenkinek a világ végezetéig. Téves elképzelések alakultak ki a karizmákkal kapcsolatban. Az első részben ezért a szeretet nélküli élet hiábavalóságát jeleníti meg az apostol: felsorakoztatja a rendkívüli isteni adományokat, egészen a dicső önfeláldozásig. Szent Pál azt hangsúlyozza, hogy ezek a szeretet nélkül mit sem érnek. Isten ezeket az ajándékokat mások épülésére adja, ezért soha nem lehetnek öncélúak. A Szentlélek a szeretet, és Ő maga a karizmák ajándékozója, ezért csak szeretetben lehet használni az adományait. Ezért mondja Pál, hogy a *„Lélek szerint járjatok”* (Gal 5,16).

---

223 Vö. SANCTI THOMAE DE AQUINO: *Super I Epistolam B. Pauli ad Cornithios lectura, a prooemio ad caput VII versiculum X, Prooemium*

A következő részben a szeretetről nyolc tagadást és öt állítást ír le az apostol. A korintusiak jellemét összeveti a krisztusi természettel, és az Úr követésére buzdít: *"Szentek legyetek, mert én szent vagyok."* *(Lev 19,2 vagy 1 Pét 1,15)* Itt írja le a helyes viszonyulást embertársainkhoz, akik Isten képmásai, ezért tisztelet és szeretet illeti meg őket. *"Kövessétek tehát, mint kedvelt gyermekek, Isten példáját, s éljetek szeretetben, ahogy Krisztus is szeretett minket, és odaadta magát adományként, jó illatú áldozatul Istennek."* *(Ef 5,1)* A szeretet itt leírt tulajdonságai a Bibliában Istennel és Krisztussal kapcsolatban szerepelnek. *"Mert úgy szerette Isten a világot, hogy egyszülött Fiát adta, hogy mindaz, aki őbenne hisz, el ne vesszen, hanem örök élete legyen."* *(Jn 3,16)* Így válik egyértelművé, hogy a szeretet forrása, felülmúlhatatlan példaképe és folytonos motiválója az Isten.[224] Pál valójában mindig ezt hirdette. *"Mert nem akartam másról tudni köztetek, mint Jézus Krisztusról, a megfeszítettről."* *(1 Kor 2,2)* Szent Pál arra tanít, hogy legyünk Krisztus utánzói, teremjük a Szentlélek gyümölcsét, a szeretetet. Ebben a részben a Lélek gyümölcsét és annak megnyilvánulásait sorolja fel, mely Krisztus természete is, amely a szeretet *(vö. Gal 5,22-23)*. Értelmezhetjük úgy is, hogy a Krisztust követő ember életének a leírása, akit belülről a Szentlélek ösztönöz.[225] Mert a Szentlélek arra tanít, hogy legyünk Krisztushoz hasonlóak, elvezet minden igazságra, és Jézust dicsőíti, Róla tesz tanúbizonyságot *(vö. Jn 16,13-14)*. Szent Pál így ír erről: *"Nem mintha már kezemben tartanám, vagy már tökéletes lennék, de törekszem rá, ... Testvérek, nem képzelem magamról, hogy már magamhoz ragadtam, de egyet igen: felejtem, ami mögöttem van, és nekifeszülök annak, ami előttem van. Így futok a cél felé, annak a hivatásnak jutalmáért, amelyet Isten felülről adott Krisztus Jézusban."* *(Fil 3,12-13)* Valójában arra tanít, hogy Isten szeretetével szeressük embertársainkat.

---

224 Vö.KOCSIS I.: *«A szeretet és a karizmák kapcsolata a Szeretethimnusz (1 Kor 13) fényében» in Az Üdvösség igéje. Újszövetségi tanulmányok, 164.*

225 Vö. NEMESHEYI P.: *A szeretet útja, 135.*

A záró részben a mulandó dolgok hangsúlyozásával ráirányítja a figyelmet a szeretetre, amely az örökkévalóságban is megmarad. Pál megfogalmazza, hogy legnagyobb a szeretet, mert az építi legjobban a közösséget, és Isten is a szeretet. Amikor a Szeretetet említi, akkor valójában Jézusról beszél. A Szentlélek által a krisztusi természet részeseivé leszünk, melynek megnyilvánulása a szeretet. Ha szeretünk, hasonlóak leszünk Istenhez. Pál arra tanít, hogy éljünk szeretetben, és akkor tükörképként egymásban meglátjuk Krisztus arcát.

Krisztus eljövetelekor eltöröltetik a rész szerint való. Meglátjuk az Úr Jézust színről színre, ez Krisztus ígérete minden ember számára. Aki végig kitart a szeretetben, az üdvözül, és elnyeri a hervadhatatlan koronát, az igazi jutalmat, amely a Krisztussal való rég várt találkozás lesz. Aki győz, az elnyer mindent, mert Jézus minden. Az Úr hajléka az emberekkel lesz. Ígérete szerint az Ő népének arcáról letöröl minden könnyet, nem lesz sírás, sem gyász. Az Úr a mi Istenünk lesz, és mi az Ő fiai leszünk *(vö. Jel 21,1-7)*. *„Egyet kérek az Úrtól, azért esedezem: hogy lakhassam az Úr házában életemnek minden idejében; hogy nézhessem az Úrnak szépségét és gyönyörködhessem az ő templomában."* *(Zsolt 27,4)*[226]

„Az Úr tetteket kíván."[227] Jézust viszontszerethetjük azáltal, hogy megtartjuk parancsolatait. *„Ha valaki szeret engem, megtartja szavamat. Atyám is szeretni fogja őt, hozzá megyünk, és lakóhelyet veszünk nála."(Jn 14,23)*

---

226 *Károli G.: Biblia*

227 *Szent Terézia: Belső várkastély, 112.*

Bibliográfia

- Képek
- Irodalomjegyzék
- Internetes címek

Rajzok

Simon András Művész Úr hivatalos engedélyével kerültek a képek felhasználásra. www.simongaleria.hu

SIMON A., *Várok rád Uram*

SIMON A., *A mélységek szárnyalása*

SIMON A., *Jézus szíve*

SIMON A., *Egyedülálló hangszer vagy Isten kezében*

SIMON A., *Szolgálni, szeretni a Lélek erejével*

SIMON A., *A szeretet hullámverése*

SIMON A., *Hit, remény, szeretet*

SIMON A., *Kettesben*

SIMON A., *Fényt adó szeretet*

SIMON A., *Kegyelem*

BERNÁT ZS., GALÁNTAI FEKETE, A., NAGY K., *Borítókép*

Irodalomjegyzék

ABELN, R.: *Légy jó ember!*, Budapest, 1987.

ADORJÁN Z.: *Jób testamentuma*, Budapest, 2011

ALFÖLDY J.: *Irodalmi fogalomtár*, Budapest, 1992.

AQUINÓI SZ. T.: *Kommentár, De divinis nominibus expositio*, c. 4. 9. lecke

ARANYSZÁJÚ SZENT JÁNOS: *In epistulam 2 ad 2 Corinthios homilia* 27,3-4 PG

AUGUSTINUS, AURELIUS: *In Epistolam Ioannis ad parthos tractatus decem* VII,8, in: Sancti Aurelii Augustini, Hipponensis episcopi, Opera omnia, 3,2, acc. et den. recogn. J.-P. Migne, Patrologiae Cursus Completus, Series Latina, 35., Garnier, Paris, 1902, ed. novissima emendata et auctior, 2033. col.

BABITS A.: *Bibliai nevek és fogalmak*, 1988.

BAKOS R.: *Isten szívének visszhangja*, Budapest, 2005.

BALLING, L. A.: *A szeretet csendes, Budapest*, 2006

BARELAY, W.: *Az első korintusi levél*, Budapest, 1990.

BARSI B.: *Örökké megmarad*, Budapest, 1998.

BARSI B.: *A életszentség titka,* Sümeg, 2006

BENYIK GY.: *Szent Pál levelei a korithusiakhoz,* Szeged, 1995.

BENYIK GY.: *Az Újszövetségi Szentírás keletkezés-* és kutatástörténete, Szeged, 2011.

BERAN F.: *A keresztény erkölcs alapjai,* Budapest, 2001.

CHENU, M. D.: *Aquinói Szent Tamás és a teológia,* Budapest, 1999

CORNIFIDIUS: *A szónoki mesterség, A C. Herenniusnak ajánlott retorika,* Budapest, 2001

CSERHÁTI S.: *Pál apostolnak a korinthusiakhoz írt első levele,* Budapest, 2008.

GÁL F.: *Pál apostol levelei,* Budapest, 1999.

GRESHAKE, G.: *Legyen meg a Te akaratod!,* Budapest, 2006.

GUADALUPI, G.: *A Biblia képekben,* Budapest, 2003.

GUMBEL, N.: *Alpha,* Budapest, 1993

GYÖKÖSSY E.: *Bandi bácsi a szeretetről,* Budapest, 1994.

GYÖKÖSSY E.: *Homo Christianus. A krisztusi ember,* Budapest, 2002.

HERCEG F.: *A főapát.* Pesti Hírlap, 1944. január

JEZSUITÁK: *A szív,* Budapest, 2013

KÁLVIN J.: *Az első korintusi levél magyarázata,* Budapest, 2015

KELEMEN K.: *Kelemen Krizosztom levele Mindszenti Józsefnek* (1295/1945)

KELLY, M.: *Meghívás az örömre,* Budapest, 2006.

KEMPIS, T.: *Krisztus követése,* Budapest, 1996.

KERESZTES SZ. J.: *Keresztes Szent János aranymondásai,* Budapest, 1994.

KISS J.: *Szent Pál leveleinek értelmezése,* Budapest, 1868.

KOCSIS I.: »A szeretet és a karizmák kapcsolata a Szeretethimnusz (1 Kor 13) fényében« in *Az Üdvösség igéje. Újszövetségi tanulmányok,* Budapest, 2013, 157–169. o.

KOCSIS I.: *Bevezetés az Újszövetség kortörténetébe és irodalmába II.,* Budapest, 2011.

KONING, G.: *Az 1.és 2. korintusi levél magyarázata,* Budapest, 2001.

KREEFT, P.: *Angyalok és démonok,* Budapest, 2010.

LANG, F.: *Die Briefe an die Korinther,* Göttingen 1994.

LAURENTIN, R.: *Lisieux-i Teréz*, Budapest, 1983.

LEGLER, E.: *Das Hohe Lied der Liebe*, München, 1963.

MARIE, J. C.: *A nyelvek adománya*, Sopron, 2003.

MARTON M.: *Kolostori iskola a Kármelen, Budapest*, 1989.

MICHAELSEN, H. F.: *Szeretet nélkül semmi vagyok*, Budapest, 2013.

MONFORT, F.: *A szeretet hite*, Bécs, 1979.

MURPHY-O'CONNOR, J.: »Első levél a Korintusiaknak« in *Jeromos Bibliakommentár II. Az Újszövetség könyveinek magyarázata*, Budapest, 2003.

NEMESHEGYI P.: *A szeretet útja*, Budapest, 2013.

NISSZAI SZ. GERGELY: *De beatudinibus, oratio 6 Gregorii Nysseni opera*, Leiden, 1992.

NYIREDY, M.: *Égi és földi szerelem*, Tihany, 2010.

PÉTERI P.: *Akarsz boldog lenni?*, Budapest, 2000.

PRIOR, D.,:*Pál első levele a korintusiakhoz*, Budapest, 1995

ROSKA P.: *Morális*, Főiskolai jegyzet, Esztergom, 2012

SANCTI THOMAE DE AQUINO: *Super I Epistolam B. Pauli ad Cornithios lectura, a prooemio ad caput VII versiculum X*, Textum Taurini 1953 editum ac automato translatum a Roberto Busa SJ in taenias magneticas denuo recognovit Enrique Alarcón atque instruxit

SARKADI N. P.: *A szeretet himnusza*, Budapest, 1992.

SCHLINK, B. M.: *Győztesé a korona*, Budapest, 1995.

SCHRAGE, W.: *Der erste Brief an die Korinther*, 1. Teilband, 1 Kor 13 Zürich-Braunschweig-Neunkirchen-Vluyn, 1991.

SCHÜTZ, A.: *Korunk szentjei*, Budapest, 1939.

SIEVERS, E.: *Élet a lélekben szeminárium*, Budapest, 1994.

SIMON A.: *Életed üzenete*, Budapest, 2008.

SIMON A.: *Szeretetközelben*, Budapest, 1996.

SIPOS (S) GY.: *Isten szeretete gyógyít*, Törökbálint, 2008.

SOÓS A.: *A szeretet himnusza (A szeretet művészete a Biblia tükrében)*, Budapest, 2001.

SZABÓ CS.: *Az első korintusi levél magyarázata*, Budapest, 1991

SZABÓ M.: Órai jegyzet az 1 Kor 13., Budapest, 2013.

SZÉKELY J.: *Az Újszövetség teológiája,* Budapest, 2008.

SZENT ÁGOSTON: *Vallomások,* Budapest, 2007.

SZENT BENEDEK: *Benedek Regulája,* Pannonhalma, 1947.

SZENT JOHANNA: *Dictum: Proces de comdamnation,* Párizs, 1960.

SZENT TERÉZIA: *A tökéletesség útja, Győr,* 1996.

SZENT TERÉZIA: *Belső várkastély,* Győr, 1996.

TARJÁNYI B.: »Bevezető az 1. korintusi levélhez« in *Káldi-Neovulgáta Biblia,* Budapest, 2012.

TORREL, J. P.: *Aquinói Szent Tamás élete és műve,* Budapest, 2007.

VARGA ZS.: *A első korintusi levél magyarázata,* Budapest, 1998.

WALVOORD, J. F.: *A Biblia ismerete,* Budapest, 2007.

WEYER, W.: *Az első korintusi levél magyarázata,* Budapest, 1992.

XVI. BENEDEK PÁPA: *Deus caritas est, Az Isten szeretet kezdetű enciklikája,* Budapest, 2007

Internetes címek

http://lexikon.katolikus.hu/ Magyar Katolikus Lexikon

http://www.holylandphotos.org/browse.asp?s=1,4,11,28,95&img=GCTCD LAR15GallioInscriptionDetail

www.ujszov.hu, Görög Újszövetség - Magyar nyelvtani elemzésekkel

http://www.keresztenyek.hu/biblia-hitelessege/A Biblia hitelessége

http://parada-athens.blogspot.hu/2010/05/korinthosz.htmlKorintus

http://scriptures.lds.org/hu/biblemaps/13 Térkép

Képmelléklet

Korintus

„Az Úr pedig azt mondta éjjel látomásba Pálnak: Ne félj, csak beszélj és ne hallgass, mert én veled vagyok. Senki sem fog hozzád nyúlni, hogy ártson neked, mert sok népem van nekem eben a városban. Ott maradt tehát egy évig és hat hónapig, s közben tanította nekik az Isten igéjét."
(Csel 18,9-11)

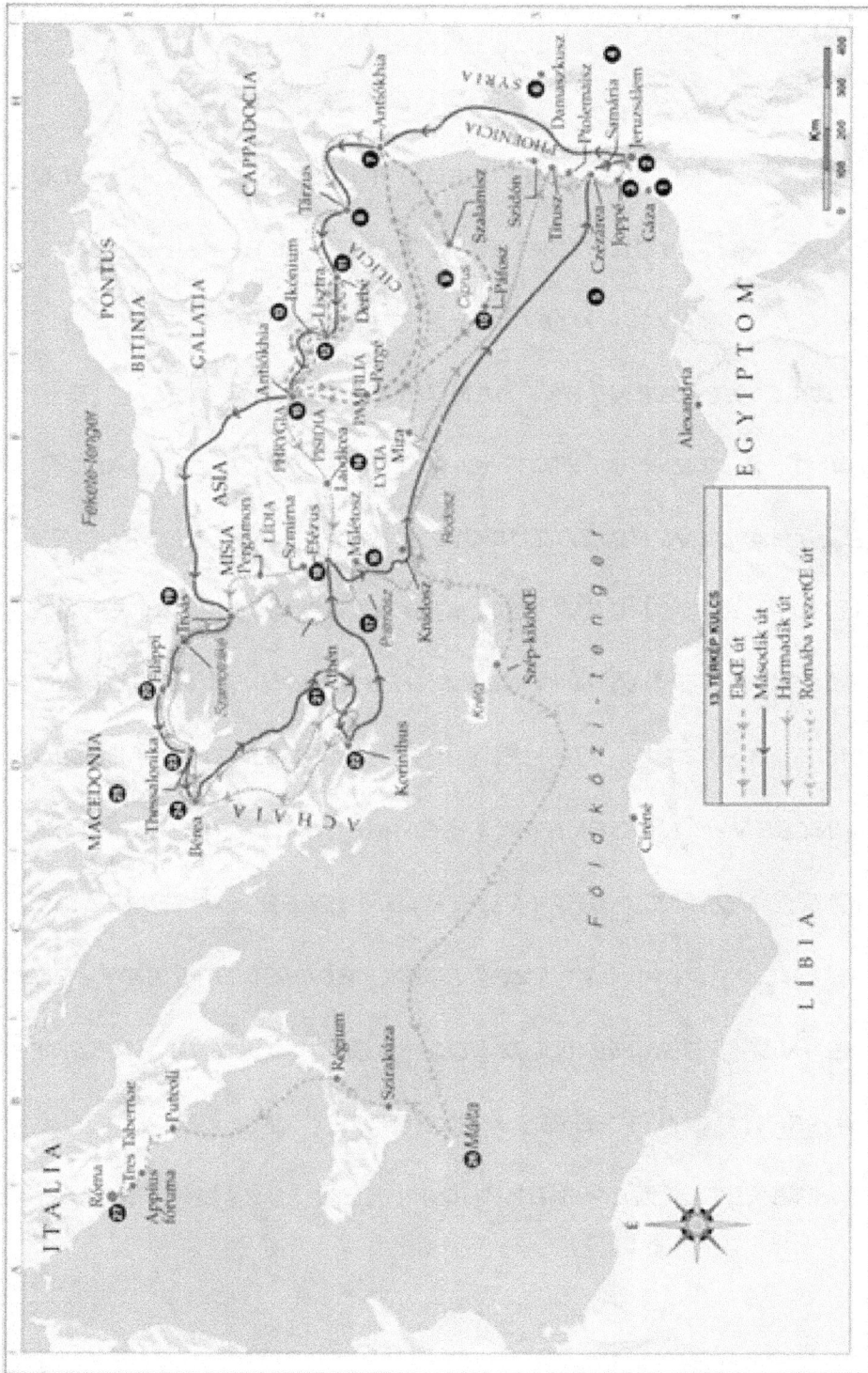

http://scriptures.lds.org/hu/biblemaps/13

A szeretet dicsérete

„És ezenfelül még egy kiváltképpen való utat mutatok nektek. Ha embereknek vagy angyaloknak nyelvén szólok is, szeretet pedig nincsen én bennem, olyanná lettem, mint a zengő érc vagy a pengő cimbalom. És ha jövendőt tudok is mondani, és minden titkot és minden tudományt ismerek is, és ha egész hitem van is úgyannyira, hogy hegyeket mozdíthatok ki helyükről, szeretet pedig nincsen én bennem, semmi vagyok. És ha vagyonomat mind felétetem is, és ha testemet tűzre adom is, szeretet pedig nincsen én bennem, semmi hasznom abból. A szeretet hosszútűrő, kegyes a szeretet nem irigykedik, a szeretet nem kérkedik, nem fuvalkodik fel.

NEM CSELEKSZIK ÉKTELENÜL, NEM KERESI A MAGA HASZNÁT, NEM GERJED HARAGRA, NEM RÓJA FEL A GONOSZT. NEM ÖRÜL A HAMISSÁGNAK, DE EGYÜTT ÖRÜL AZ IGAZSÁGGAL. MINDENT ELFEDEZ, MINDENT HISZEN, MINDENT REMÉL, MINDENT ELTŰR.

A SZERETET SOHA EL NEM FOGY: DE LEGYENEK BÁR JÖVENDŐMONDÁSOK, ELTÖRÖLTETNEK: VAGY AKÁR NYELVEK, MEGSZŰNNEK: VAGY AKÁR ISMERET, ELTÖRÖLTETIK. MERT RÉSZ SZERINT VAN BENNÜNK AZ ISMERET, RÉSZ SZERINT A PRÓFÉTÁLÁS. DE MIKOR ELJŐ A TELJESSÉG, A RÉSZ SZERINT VALÓ ELTÖRÖLTETIK. MIKOR GYERMEK VALÉK, ÚGY SZÓLTAM, MINT GYERMEK, ÚGY GONDOLKODTAM, MINT GYERMEK, ÚGY ÉRTETTEM, MINT GYERMEK: MINEKUTÁNA PEDIG FÉRFIÚVÁ LETTEM, ELHAGYTAM A GYERMEKHEZ ILLŐ DOLGOKAT. MERT MOST

TÜKÖR ÁLTAL HOMÁLYOSAN LÁTUNK, AKKOR PEDIG SZÍNRŐL SZÍNRE, MOST RÉSZ SZERINT VAN BENNEM AZ ISMERET, AKKOR PEDIG ÚGY ISMEREK MAJD, AMINT ÉN IS MEGISMERTETTEM. MOST AZÉRT MEGMARAD A HIT REMÉNY, SZERETET, E HÁROM: EZEK KÖZÜL PEDIG **LEGNAGYOBB A SZERETET.**"

(1 KOR 12,31, 13,1–13)[228]

228   KÁROLI G. : *Szent Biblia*

www.ingramcontent.com/pod-product-compliance
Lightning Source LLC
LaVergne TN
LVHW051810080426
835513LV00017B/1893